Gerd Egelhof
Simply the best
Band I

Für
Heike.

Happy Birthday!

Viel Lesespaß!

D1727606

make a book MN, 26.09.17

Gerd

Gerd Egelhof

Simply the best

Band I

Kontakt zum Autor

http://www.gerd-egehof.de

E-mail: info@gerd-egelhof.de

ISBN 978-3-943054-79-8

© 2017 by Verlag make a book, Neukirchen
M. Böhme • Osterdeich 52 • 25927 Neukirchen
Tel.: 04664 - 9839902 • Fax: 04664 - 208457
E-mail: mb@make-a-book.de
http://www.make-a-book.de

Alle Rechte liegen beim Autor

Gesamtherstellung: make a book, Neukirchen
Fotos: Gerd Egelhof
Satz und
Umschlaggestaltung: make a book, Neukirchen

Bibliografische Information der deutschen Nationalbibliothek.
Die deutsche Nationalbibliothek verzeichnet diese Publikation in der deutschen
Nationalbibliografie; detaillierte bibliografische Daten sind im Internet über http://
dnb.de abrufbar.

Bibliographic information published by die deutsche Nationalbibliothek. The
deutsche Nationalbibliothek lists this publication in the deutsche Nationalbibliografie; detailed bibliographic data are available in the Internet at http://dnb.de.

ABBA

Benny Andersson key (Schweden, ★ 16.12.1946 in Stockholm)
Agnetha Fältskog v, g (Schweden, ★ 5.4.1950 in Jonkoping)
Frida Lyngstad v (Norwegen, ★ 15.11.1945 in Bjorkasen)
Björn Ulvaeus v,g (Schweden, ★ 25.4.1945 in Göteborg)
1968 brachte der ehemalige schwedische Lehrer Stig Anderson, der sich in Schweden bereits einen Namen als Songschreiber gemacht hatte, vier Musiker zusammen. Die vier Anfangsbuchstaben der Vornamen formierten sich zu einem Bandnamen, den die Welt nicht mehr vergessen sollte. *A-B-B-A*.

1974 schaffte die schwedische Gruppe beim Grand Prix Eurovision in Brighton mit »Waterloo« den internationalen Durchbruch. Es folgten zahlreiche Hits, die vor allem in Großbritannien, Deutschland und den USA in den Top 10 landeten.

Anfang der 80er Jahre gelangen ihnen nochmals mit »Super Trouper« und »One Of Us« zwei Nr. 1-Hits.

1982 verblasste der Ruhm der Abbas. Die Bandmitglieder gingen verschiedene Wege. Frida und Agnetha verwirklichten Soloprojekte, wobei erstere mit Phil Collins zusammenarbeitete. Björn und Benny erarbeiteten sich zusammen mit Tim Rice das Musical »Chess«.

Des öfteren versuchten windige Geschäftsleute, für die ABBAs ein Comeback zu organisieren. Sie boten astronomische Summen. Die ABBAs wussten jedoch, dass ihr sensationeller Erfolg der Vergangenheit nicht wiederholbar war, und weitere Auftritte ein Denkmal vom Sockel gestürzt hätten.

Bands wie Erasure und Björn Again sorgten mit ihren ABBA-Interpretationen dafür, dass eine der berühmtesten Bands aller Zeiten nicht in Vergessenheit geriet.

DIE ERFOLGREICHSTEN ALBEN:

»Super Trouper« (11/80 GB-LP 1, D-LP 1; 12/80 US-LP 17)
»A wie ABBA« (5/81 D-LP 1)
»The Visitors« (12/81 GB-LP 1, D-LP 1; 1/82 US-LP 29)
»The Singles (The First 10 Years)« (11/82 GB-LP 1, D-LP 5)

»I Love Abba« (10/83 D-LP 10)
»Thank You For The Music« (11/83 GB-LP 17)
»Gold/Greatest Hits« (10/92 GB-LP 1, D-LP 1; 10/93 US-LP 63; 1/99 RE-GB-LP 1)
»More Abba Gold« (6/93 D-LP 9, GB-LP 14; 8/99 RE-GB-LP 13)
»The Complete Singles Collection« (12/99 D-LP 10).

DIE TOP-10-HITS:
»The Winner Takes It All« (8/80 GB 1, D 4; 11/80 US 8)
»Super Trouper« (11/80 GB 1, D 1)
»Lay All Your Love On Me« (7/81 GB 7)
»One Of Us« (12/81 D 1, GB 3)
»The Day Before You Came« (11/82 D 5)
POP

ABBOTT, GREGORY
★ 2.4.1956 in New York City. Der Amerikaner Abbott studierte Psychologie und lehrte Englisch, bevor er 1986 mit »Shake You Down« eine Nr. 1 in den USA hatte. »I Got The Feelin' (It's Over)« war ein weiterer Song Abbotts, der den Erfolg von »Shake You Down« nicht erreichen konnte.

DER TOP-10-HIT:
»Shake You Down« (10/86 GB 6, US 1)
SOUL

ABC

Graham Broad d,
David Clayton key,
Martin David Fry v,
Brad Lang b,
Mark Lickley b,
David Palmer d,
David Robinson d,
Stephen Singleton syn,
Mark White g, syn

Die Briten Fry, White und Singleton gründeten 1980 die Gruppe ABC. Da jedermann das Alphabet beherrscht, waren sie sich sicher, dass der Name beim Publikum hängenbleibt. Von Anfang bis Ende der 80er Jahre hatten sie 5 Top-10-Hits in den britischen und amerikanischen Charts.

1987 erkrankte Martin David Fry ernsthaft, was eine sehr lange Pause von ABC nach sich zog. Mitte der 90er Jahre meldeten sie sich mit dem Album »Skyscraping« zurück.

Mit »Say It« und »The Night You Murded Love – The Whole Story« gelangen ABC zwei weitere schöne Songs abseits der Top-10-Notierungen.

Die erfolgreichsten Alben:

»The Lexicon Of Love« (7/82 GB-LP 1; 8/82 D-LP 23; 9/82 US-LP 24)
»Beauty Stab« (11/83 GB-LP 12)
»Alphabet City« (10/87 GB-LP 7)
»Absolutely« (4/90 GB-LP 7)

Die Top-10-Hits:

»Poison Arrow« (2/82 GB 6)
»The Look Of Love« (3/82 GB 4)
»All Of My Heart« (9/82 GB 5)
»Be Near Me« (8/85 US 9)
»When Smokey Sings« (7/87 US 5)
Electro Pop, New Romantic

ABDUL, PAULA

★ 19.6.1962 in Los Angeles/Kalifornien. Die Choreografin Paula Abdul beschloss 1988, ihre erste Single zu veröffentlichen. »Straight Up« wurde eine Nr. 1 in den Vereinigten Staaten. Weitere Top-10-Hits der relativ klein gewachsenen Powerfrau mit dem hübschen Gesicht folgten zügig aufeinander. Mitte der 90er Jahre stand sie zum letzten Mal in den Charts, nicht mehr ganz auf den vorderen Plätzen. »Will You Marry Me?«, einer ihrer gefühlvollsten Songs, landete ebenfalls nicht in den Top 10 der Hitparaden.

DIE ERFOLGREICHSTEN ALBEN:

»Forever Your Girl« (7/88 US-LP 1; 4/89 GB-LP 5; 5/90 RE-GB-LP 3)
»Shut Up And Dance« (5/90 US-LP 7; 11/90 GB-LP 40)
»Spellbound« (6/91 US-LP 1; 7/91 GB-LP 4)
»Head Over Heels« (7/95 US-LP 18)

DIE TOP-10-HITS:

»Straight Up« (12/88 US 1; 3/89 D 3, GB 3)
»Forever Your Girl« (3/89 US 1)
»Cold Hearted« (6/89 US 1)
»The Way That You Love Me« (9/89 US 3)
»Opposites Attract« (12/89 US 1; 4/90 GB 2)
»Rush, Rush« (5/91 GB 6, US 1)
»The Promise Of A New Day« (7/91 US 1)
»Blowing Kisses In The Wind« (10/91 US 6)
POP

ABRAMS, COLONEL

★ 25.5.1949; gest. 25.11.2016. Mit »Trapped« hatte der in Detroit geborene Colonel Abrams 1985 in Deutschland und Großbritannien Erfolg. In Amerika blieb ihm dieser jedoch verwehrt. Mit dem Nachfolger »I'm Not Gonna Let You« gelang ihm in GB ein weiterer Top-40-Hit.

DER TOP-10-HIT:
»Trapped« (8/85 GB 3)

WEITERER HIT AUSSERHALB DER TOP 10:
»I'm Not Gonna Let You«
RHYTHM & BLUES

ABSOLUTELY FABULOUS
Chris Lowe key,
Joanna Lumley v,
Jennifer Saunder v,
Neil Tennant v.
Der von den Pet Shop Boys geschriebene Song wurde ein Top-10-Hit in Großbritannien. Der Reinerlös der Platte ging als Entwicklungshilfe in die Dritte Welt.

DER TOP-10-HIT:
»Absolutely Fabulous« (6/94 GB)
POP

ADAM & THE ANTS
Adam Ant, v (★ 3.11.1954). »Stand And Deliver« und »Goody Two Shoes« erreichten 1983 jeweils die Nr. 1 der britischen Hitparade. Danach wurde es um den britischen Sänger mit dem extravaganten Outfit ruhiger. Die Erkenntnis, den Zenit seiner Sangeskarriere überschritten zu haben, brachte ihn wieder zur Schauspielerei. 1990 versuchte er ein Comeback, das von kleineren Erfolgen gekrönt war. Der Song »Room At The Top« schaffte es immerhin in die Top 20 der amerikanischen und britischen Charts. Die Singleauskopplung »Wonderful« aus seinem gleichnamigen Album enterte 1995 die Top 40 in GB und den USA.

DIE ERFOLGREICHSTEN ALBEN:
»Friend Or Foe« (10/82 GB-LP 5; 12/82 US-LP 16)
»Strip« (11/83 GB-LP 20)
»Manners And Physique« (3/90 GB-LP 19)
»Antmusic – The Very Best Of Adam Ant« (8/93 GB-LP 6)

DIE TOP-10-HITS:
»Goody Two Shoes« (5/82 D 5, GB 1)
»Friend Or Foe« (9/82 GB 9)
»Puss N Boots« (10/83 GB 5)
GLITTER-ROCK

BANANARAMA
Sarah Dallin v (★ 17.12.1961)
Siobhan Fahey v (★10.9.1957)
Jacquie O'Sullivan v (★ 7.8.1960)
Keren Jane Woodward v (★ 2.4.1961)
Die drei Girls lernten sich in London kennen.

Die Liebe zur Musik, die sie verband, ließ sie zunächst auf Privatveranstaltungen und in Pubs singen. Der Bandname setzte sich aus der britischen TV-Kindersendung »The Banana Splits« und dem Roxy-Music-Song »Pyjamarama« zusammen.

In den 80er Jahren hatten Bananarama 11 Top-10-Hits.

In den 90ern machten Sarah und Keren, nachdem Siobhan und Jacquie ausgestiegen waren, als Duo weiter. Die Hits der beiden waren »Movin' On« (8/92 GB 24) und »More, More, More« (3/93 GB 24) die die Top 10 nicht mehr entern konnten.

DIE ERFOLGREICHSTEN ALBEN:
»Deep Sea Skiving« (3/83 GB-LP 7)
»Bananarama« (4/84 GB-LP 16; 6/84 US-LP 30)
»True Confessions« (8/86 US-LP 15)
»The Greatest Hits Collection« (10/88 GB-LP 3)

DIE TOP-10-HITS:
»It Ain't What You Do It's The Way You Do It« (2/82 GB 4)
»Really Saying Something« (4/82 GB 5)
»Shy Boy« (7/82 GB 4)
»Na Na Hey Kiss Him Goodbye« (2/83 GB 5)
»Cruel Summer« (7/83 GB 8; 7/84 US 9)
»Robert De Niro's Waiting« (3/84 D 7, GB 3)
»Venus« (5/86 D 2, US 1, GB 8)
»I Heard A Rumour« (7/87 US 4)
»Love In The First Degree« (10/87 GB 3)
»I Want You Back« (4/88 GB 5)
»Help!« (2/89 D 8, GB 3)

WEITERE HITS AUSSERHALB DER TOP 10:
»Long Train Running«
»I Can't Help It«
»Last Thing On My Mind«
»Only Your Love«
»Preacherman«
POP

BAND AID
Bob Geldof v (★ 5.10.1954)
Bob Geldof und weitere 35 Künstler, wie Midge Ure, Paul McCartney, David Bowie, Sting, Phil Collins... organisierten sich, um etwas gegen den Hunger in Äthopien zu tun. Mit »Do They Know It's Christmas Time« gelang ihnen ein Hit, der sich weit über drei Millionen mal verkaufte.

DER TOP-10-HIT:
»Do They Know It's Christmas Time« (12/84 D 1, GB 1; 12/85 GB 3; 12/89 GB 1)
POP

BAND FÜR AFRIKA

Deutsche Künstler wie Herbert Grönemeyer, Nena, Udo Lindenberg, Ina Deter, Klaus Lage... sangen für die hungernden Menschen in Afrika. Alle verzichteten auf jeglichen Verdienst. »Nackt im Wind« erreichte im Februar 1985 Platz 3 der Deutschen Charts.

DER TOP-10-HIT:
»Nackt im Wind« (2/85 D 3)
POP

BANGLES

Susanna Hoffs v/g (★ 17.1.1957),
Debbi Peterson d/v (★ 22.8.1961),
Vicky Peterson g/v (★ 11.1.1958),
Annette Zilinskas b/v,
Michael Steele b/v (★ 2.6.1954).
Die fünf Amerikanerinnen hatten in Großbritannien, Deutschland und den USA großen Erfolg. In Großbritannien schaffte »Eternal Flame« den Sprung an die Spitze der Charts. »Walk Like An Egyptian« und »Eternal Flame« wurden in den USA jeweils Spitzenreiter. In Deutschland erreichte der »Gang eines Ägypters« Platz 1 der Charts.

DIE ERFOLGREICHSTEN ALBEN:
»Different Light« (2/86 US-LP 2; 3/86 GB-LP 3, D-LP 21)
»Everything« (11/88 US-LP 15; 12/88 GB-LP 5)
»Greatest Hits« (5/90 US-LP 97; 6/90 GB-LP 4)

DIE TOP-10-HITS:
»Manic Monday« (1/86 GB 2, US 2; 3/86 D 2)
»Walk Like An Egyptian« (9/86 GB 3, US 1; 11/86 D 1)
»Hazy Shade Of Winter« (11/87 US 2)
»In Your Room« (10/88 US 5)
»Eternal Flame« (2/89 GB 1, US 1; 5/89 D 4)

DIE HITS AUSSERHALB DER TOP 10:
»Walking Down The Street«
»If She Knew What She Wants«
»Be With You«

ROCK

BAP
Wolfgang Niedecken v/g (★ 30.3.1951),
Klaus »Major« Heuser g (★ 27.1.1957),
Alexander »Effendi« Büchel key (★ 29.1.1957),
Steve Borg b (★ 5.10.1953),
Jürgen Zöller d (★ 27.9.1947),
Manfred Boecker per/sax (★ 22.4.1952),
Jan Dix d (★ 19.11.1956),
Wolfgang Boecker d,
Hans Heres g,
Wolfgang Klever b,
Bernd Odenthal key.

Die Kölner Rocker hatten 1981 mit »Verdamp lang her« (8/82 D 13) einer Single-Auskopplung aus der LP »Für usszeschnigge« (10/81 D-LP 1) ihren ersten großen Hit.

Trotz Kölschem Dialekt wurde die Band deutschlandweit und sogar im Ausland sehr erfolgreich. Vor allem in den LP-Charts belegten BAP stets die vordersten Plätze.

»Vun drinne noh drusse« (9/82) das Live-Album »Bess demnähx« (8/83) »Zwesche Salzjebäck un Bier« (6/84) »Ahl Männer, aalglatt« (2/86) »Da Capo« (9/88) »X für e U« (11/90) »Comics & Pin-Ups« (2/99) landeten ausnahmslos auf Platz 1 der Deutschen LP-Charts.

Weitere LPs wie »Affrocke« (9/91) »Pik sibbe« (9/93) oder »Amerika« (9/96) waren immerhin Top 10.

Wolfgang Niedecken, der Kopf der Band, wanderte ab und zu

auf Solopfaden. Zusammen mit guten Freunden veröffentlichte er »Schlagzeiten« (4/87 D-LP 5) und »Leopardefell« (1995).

Auch die Singles von BAP platzierten sich in den Hitparaden recht ordentlich.
»Verdamp lang her« (8/82 D 13)
»Kristallnach« (9/82 D 25)
»Bunte Trümmer« (12/85 D 30)
»Alles em Lot« (11/90 D 36)
»Widderlich« (9/93 D 38)

Weitere beachtenswerte Singles der Kölner Band:
»Do kanns zaubere«
»10.Juni«
»Anna«
»Ahl Männer, aalglatt«
»Waschsalon«
»Sichel vum Mohnd«
»Endlich allein«
»Nex wie bessher«
»Amerika«
»Ne schöne Jrooss«
»Alexandra, nit nur do«.
Besonders schön und gelungen war der Song »Time Is Cash, Time Is Money« (6/86 D 24) mit dem »Großraumbüro in Iserlohn« und »Zeig doch mal wieder Bilder«.

Der Top-10-Hit:
»Fortsetzung folgt ...« (9/88 D 10)
Rock

Wolfgang Niedecken

BAP HALV SU WILD

Werner Kopal, Helmut Krumminga, Wolfgang Niedecken, Michael Nass,
Jürgen Zöller

BARCLAY JAMES HARVEST

Stewart »Woolly« Wokstenholme key/v (★ 15.4.1947)
John Lees g/v (★ 13.1.1947)
Les Holroyd b/key/v (★ 12.3.1948)
Mel Pritchard d (★ 20.1.1948)
»Life Is For Living« steigt 1980 in den deutschen Charts auf Platz 2.
Das »Concert For The People« vor dem Berliner Reichstagsgebäude
wird zwei Jahre später ein; gigantischer Erfolg für die Briten.

DIE ERFOLGREICHSTEN ALBEN:

»Turn Of The Tide« (5/81 D-LP 2)
»Berlin – A Concert For The People« (2/82 D-LP 1; 7/82 GB-LP 15)
»Ring Of Changes« (5/83 GB-LP 36; 6/83 D-LP 4)
»Victims Of Circumstances« (4/84 D-LP 4, GB-LP 33)
»Face To Face« (2/87 D-LP 9)
»Welcome To The Show« (3/90 D-LP 10)
»Best Of« (11/91 D-LP 9)

DER TOP-10-HIT:

»Life Is For Living« (12/80 D 2)

WEITERE HITS AUSSERHALB DER TOP 10:

»Hymn«
«Berlin«
»Loving Is Easy«
»Child Of The Universe«
»He Said Love«
POP, ROCK

BATT, MIKE

★ 6.2.1950.

Mit wunderschönen Songs machte sich der Brite weltweit einen Namen. »Lady Of The Dawn« (3/80 D 16) und »The Winds Of Change« (1/81 D 29) waren in Deutschland am erfolgreichsten. Weitere hörenswerte Songs gelangen ihm mit »Portishead Radio«, »Love Makes You Crazy« und dem »Caravan Song«. Batts Musik wurde allgemein zur Sparte Instrumental und Soft Pop zugeordnet.

INSTRUMENTAL, SOFT POP

B. B. E.

Bruno Quartier,
Bruno Sanchiono,
Emmanuel Top.

Das Kürzel B. B. E. steht ganz einfach für die drei Vornamen der französischen Soundtüftler. Mit »Seven Days And One Week« gelang ihnen Mitte der 90er Jahre ein absoluter Disco-Knaller. Der Titel des genialen Musikstückes soll sich angeblich auf die Zeit beziehen, die die Jungs gebraucht haben, um es fertigzustellen.

DIE TOP-10-HITS:

»Seven Days And One Week« (7/96 D 3; 10/96 GB 3)
»Flash (3/97 GB 5)«

WEITERE HITS AUSSERHALB DER TOP 10:

»Desire«, »Deeper Love (Symphonic Paradise)«
HOUSE, TRANCE

BEAGLE MUSIC LTD.

Im August 1986 hatten Beagle Music Ltd. rund um ihren Kopf Holger Julian Kopp mit »Ice In The Sunshine« einen Top-10-Hit in Deutschland. »Daydream«, im selben Jahr erschienen, blieb den Nachweis desselben Erfolges schuldig.

DER TOP-10-HIT:
»Ice In The Sunshine« (8/86 D 10)

ONE HIT WONDER,
POP

BEASTIE BOYS
MCA v (★ 15.8.1967)
King Ad-Rock v (★ 31.10.1966)
Mike D v (★ 20.1.1965)
Mit ihrem aggressiven Stil erreichten die New Yorker einen Top-10-Hit in den USA. Überraschend dabei war die Tatsache, dass drei Weiße eine Rapband gründeten.

DIE TOP-10-HITS:
»(You Gotta) Fight For Your Right To Party« (12/86 US 7)
»She's On It« (7/87 GB 10) »Intergalactic« (7/98 GB 5)

WEITERE HITS AUSSERHALB DER TOP 10:
»No Sleep Til Brooklyn«, »Hey Ladies«

DIE ERFOLGREICHSTEN ALBEN:
»Licensed To Ill« (11/86 US-LP 1; 1/87 GB-LP 7)
»Paul's Boutique« (8/89 US-LP 14)
»Check Your Head« (5/92 US-LP 10)
»Ill Communication« (6/94 US-LP 1, GB-LP 10)
HIPHOP, JAZZ, POP, RAP, ROCK

BEAUTIFUL SOUTH

Jacqueline Abbott v (★ 10.11.1973)
Briana Corrigan v, Paul Heaton v/g (★ 9.5.1962)
David Hemingway v/d (★ 20.9.1960)
David Rotheray g (★ 9.2.1961)
David Stead d (★ 15.10.1962)
 Sean Welch b (★ 12.4.1960)
Beautiful South wurden im Frühjahr 1989 aus den übriggebliebenen
Housemartins gegründet. Mit der ersten Platte »Song For Whoever«
hatten sie großen Erfolg. Ihr Stil, ganz normale Alltagsgeschichten
mit etwas Ironie und außergewöhnlicher Beobachtungsgabe zu ver-
packen, war so etwas wie ihr Erfolgsrezept. Im Erfolgssong »Don't
Marry Her« wird das »Fuck Me« so sanft wie noch nie gesungen.

DIE ERFOLGREICHSTEN ALBEN:

»Welcome To The Beautiful South« (11/89 GB-LP 2)
»Choke« (11/90 GB-LP 2)
»0898« (4/92 GB-LP 4)
»Miaow« (4/94 GB-LP 6)
»Carry On Up The Charts, The Best Of The Beautiful South« (11/94 GB-LP 1)
»Blue Is The Colour« (11/96 GB-LP 1)
»Quench« (10/98 GB-LP 1)

DIE TOP-10-HITS:

»Song For Whoever« (6/89 GB 2)
»You Keep It All In« (9/89 GB 8)
»A Little Time« (10/90 GB 1)
»Rotterdam« (10/96 GB 5)
»Don't Marry Her« (12/96 GB 8)
»Perfect 10« (10/98 GB 2)

WEITERER HIT AUSSERHALB DER TOP 10:

»Good As Gold«
POP

BECK, ROBIN

★ 7.9.1956. Mit »First Time«, einem Werbejingle für Coca Cola, hatte die Amerikanerin eine Nr. 1 in Deutschland und Großbritannien.

DIE TOP-10-HITS:

»First Time« (10/88 GB 1; 12/88 D 1)
»Save Up All Your Tears« (3/89 D 10)

HITS AUSSERHALB DER TOP 10:

»Tears In The Rain«, »If You Need Me Tonight« (mit Dan Lucas)
»Close To You«.
POP

BEE GEES

Barry Gibb (★ 1.9.1946)
Robin Gibb (★ 22.12.1949; † 20.5.2012)
Maurice Gibb (★ 22.12.1949; † 12.1.2003)
Die Bee Gees sind eine der erfolgreichsten Bands weltweit. Ihre Platten verkauften sich so oft, dass man das Geld in einem Leben wohl schlecht ausgeben kann. Die größten Hits hatten sie in den 70ern mit Hits wie »Stayin' Alive« und »Night Fever«.

Zu Beginn der 80er Jahre gab es für die Briten einen kleinen Karriereknick. Mit »You Win Again« und »One« konnten die smarten Gebrüder und »Ordinary People« Gibb diesen jedoch überwinden.

DIE ERFOLGREICHSTEN ALBEN:

»Staying Alive« (3/83 D-LP 8; 7/83 US-LP 6; 10/83 GB-LP 14)
»Gold & Diamonds« (3/83 D-LP 4)
»E. S. P.« (10/87 GB-LP 5; D-LP 1)
»One« (4/89 GB-LP 29; 5/89 D-LP 4)
»The Very Best Of The Bee Gees« (11/90 GB-LP 8;
3/97 RE-GB-LP 6)

»Best Of Bee Gees 67-89« (12/90 D-LP 9)
»High Civilization« (4/91 D-LP 2, GB-LP 24)
»Still Waters« (3/97 GB 2, D-LP 2; 5/97 US-LP 11)
»Live One Night Only« (9/98 GB-LP 4, D-LP 5)

DIE TOP-10-HITS:
»You Win Again« (9/87 D 1, GB 1)
»Ordinary Lives« (4/89 D 8)
»One« (7/89 US 7)
»Secret Love« (3/91 GB 5, D 2)
»For Whom The Bell Tolls« (12/93 GB 4)
»Alone« (3/97 D 6, GB 5)
BEAT, DISCO, POP

BEGA, LOU
Lou Bega v (★ 13.4.1975). Mit »Mambo Nr. 5« gelang dem smarten Lou, dessen Eltern aus Sizilien bzw. Uganda stammen, der Sommerhit des Jahres 1999.
Der Titel basierte auf der Nummer »Mambo Nr. 5« des Kubaners Perez Prado aus dem Jahr 1948.

Die Version von Lou Bega war in halb Europa, ja sogar in Südafrika, Neuseeland, Kanada und Australien Spitzenreiter in den Charts.

Der Nachfolgehit »I Got A Girl« erreichte noch die Top 20 in Deutschland. Danach wurde es um Bega etwas ruhiger.

DAS ERFOLGSALBUM:
»A Little Bit Of Mambo« (7/99 D-LP 3; 9/99 US-LP 3)

DER TOP-10-HIT:
»Mambo Nr. 5«(5/99 GB 1, D 1; 8/99 US 3)
POP

BELL BOOK & CANDLE
Andy Birr v/g
Jana Gross v,
Hendrik Röder b
Die vom Team »Turbo Beat« betreute Band aus Berlin landete
1997 mit »Rescue Me« einen Riesenhit. Andy Birr ist der Sohn des
Puhdys-Gitarristen Dieter Birr. Hendrik Röder stammt ebenfalls
aus einer musikalischen Familie. Jana kellnerte in der Stamm-
kneipe der beiden. Die Umstände schienen wie geschaffen für
die Gründung eines Trios. Der Erfolg kam schnell, konnte jedoch
nicht bestätigt werden. Schön ist jedoch, dass Sheryl Crow den Titel
»Destiny« zum Album »Read My Sign« beisteuerte.

DAS ERFOLGSALBUM:
»Read My Sign« (2/98 D-LP 4)

DER TOP-10-HIT:
»Rescue Me«(8/97 D 3)
POP

BELOVED
Guy Gousden d,
Tim Harvard b,
Helena Marsh v,
Jon Marsh v/g,
Steve Waddington g/ke.
Die Band hieß zunächst Journey Through. Als 1984 Steve Waddington
dazustieß, benannte man sich in Beloved um.
    Nach der Veröffentlichung von vier relativ erfolglosen Singles
trennten sich Gousden und Harvard wieder von der Band.
    Waddington und Marsh machten weiter und enterten mit ihren
beiden Songs »The Sun Rising« und »Hello« erstmals die Charts.
    Weitere, nicht besonders erfolgreiche Singles, folgten. Beloved

schienen sich verfranst zu haben. Waddington verabschiedete sich ebenfalls von der Band. Übrig blieb Jon Marsh, der mit seiner Ehefrau Helena fortfuhr. Mit »Sweet Harmony«, einer perfekten Synthese aus Pop und House, kam der lang ersehnte Durchbruch.

DIE ERFOLGREICHSTEN ALBEN:
»Happiness« (3/90 GB-LP 14)
»Conscience« (2/93 GB-LP 2)

DER TOP-10-HIT:
»Sweet Harmony« (1/93 GB 8; 3/93 D 6)

WEITERE HITS AUSSERHALB DER TOP 10:
»You've Got Me Thinking« (4/93 GB 23)
»Outer Space Girl« (8/93 GB 38)
»Satellite« (3/96 GB 19)
POP

BENATAR, PAT
★ 10.1.1953. Mit Rockeroutfit wie Lederjacke und Stilettos und rockigen Klängen ergatterte die New Yorkerin 1980 ihren ersten Grammy für das beste Album des Jahres. 1981, 1982 und 1983 wurde Pat jeweils mit dem Grammy für die »Best Female Rock Vocal Performance« ausgezeichnet.

1983 hatte sie mit »Love Is A Battlefield« in den USA einen Millionenseller. Bis 1990 verkauften sich mehr als 30 Millionen Platten. Abseits ihrer Sangeskunst machte Pat Benatar auch als Schauspielerin auf sich aufmerksam.

DIE ERFOLGSALBEN:
»Crimes Of Passion« (8/80 US-LP 2)
»Precious Time« (7/81 US-LP 1, GB-LP 30)
»Get Nervous« (11/82 US-LP 4)

»Live From Earth« (10/83 US-LP 13; 2/84 D-LP 7)
»Tropico« (11/84 US-LP 14, GB-LP 31, D-LP 26)
»Best Shots« (11/87 GB-LP 6; 11/89 US-LP 67)
»Wide Awake In Dreamland« (7/88 US-LP 28, GB-LP 11)

DIE TOP-10-HITS:

»Hit Me With Your Best Shot« (10/88 US 9)
»Love Is A Battlefield« (9/83 US 5; 2/84 D 3)
»We Belong« (10/84 D 9, US 5)
»Invincible« (7/85 US 10)

WEITERE HITS AUSSERHALB DER TOP 10:

»Diamond Field«
»Takin' It Back«
»Ooh Ooh Song«
»Heartbreaker«,
»Sex As A Weapon«
»Le Bel Age«
ROCK

BENNATO, EDOARDO

Edoardo Bennato war in Italien längst ein großer Star, als er durch »Un Estate Italiana«, den Song zur Fußball-WM 1990 in Italien, auch in Deutschland bekannt wurde. Er sang die WM-Hmyne zusammen mit einem anderen, weiblichen Rockstar aus Italien. Gianna Nannini. Obwohl es sein einziger Top-10-Hit sein sollte, bewies Edoardo, dass er wesentlich mehr drauf hatte.

1991 erschien mit »Il Paese Die Balocchi« eine LP, auf der er zusammen mit dem amerikanischen Altmeister Bo Diddley musiziert.

Politische Themen wie die Asylantenfrage oder der Kommunismus waren für Edoardo Bennato keine Tabus. Er gehört ohne Zweifel zur Garde der intelligenten Rock'n' Roller.

1995 erschien mit »Le Ragazze Fanno Grandi Sogni« ein weiteres schönes Album des Italieners.

DER TOP-10-HIT:

»Un Estate Italiana« (6/90 D 2)

ROCK

BERG, ANDREA

★ 28.1.1966 in Krefeld. Die hübsche Schlagersängerin interpretierte bereits in den 90er Jahren wunderschöne Lieder. Der ganz große Erfolg wollte sich für die ehemalige Arzthelferin jedoch nicht sofort einstellen. Ende der 90er Jahre verdichteten sich die Anzeichen, dass der große Durchbruch bevorstand. »Die Gefühle haben Schweigepflicht« war der Auftakt zu einer beispiellosen Erfolgskarriere. Zahlreiche Echos und Stimmgabeln folgten. Ihre CDs wurden mit Gold, Platin, Doppelplatin und Triplegold ausgezeichnet, waren monatelang in den Charts.

DIE SINGLES:

»Und dann fehlt mir der Mut« (1992)

»Weil ich dich liebe« (1992)

»Schwarzes Labyrinth« (1992)

»Kilimandscharo« (1992)

»So wie beim ersten Mal« (1992)

»Sie ist die Frau« (1992)

»Schau mir nochmal ins Gesicht« (1992)

»In dieser Nacht« (1992)

»Bittersüße Zärtlichkeit« (1992)

»Doch träumen will ich nur mit dir allein« (1992)

»Du bist frei« (1992)

»Vielleicht verstehst du mich« (1992)

»Warum nur träumen« (1997)

»Du weckst Gefühle« (1997)

Andrea Berg

»Dein Blick berührt mich« (1997)
»Die Gefühle haben Schweigepflicht« (1998)
»Diese Nacht soll nie enden« (1998)

DIE ERFOLGREICHSTEN ALBEN:
»Gefühle«
»Du bist frei«
»Träume lügen nicht«
»Zwischen tausend Gefühlen«
»Weil ich verliebt bin«
SCHLAGER

Andrea Berg

BERLIN

Rob Brill d (★ 21.1.1956)
John Crawford b (★ 17.1.1960)
Terri Nunn v (★ 26.6.1961)
Rick Olsen g (★ 20.8.1956)
Matt Reid key (★ 15.4.1958), David Diamond syn
Die Gruppe wurde 1979 von John Crawford in Los Angeles gegründet. Mit »Sex« hatten sie ihren ersten nennenswerten Erfolg. Mit »Take My Breath Away«, dem Liebesthema aus dem Film »Top Gun«, landeten sie einen wunderschönen Song und gleichzeitig einen weltweiten Hit. Danach verließ Terri Nunn die Band, womit die Erfolgsgeschichte ihr abruptes Ende fand.

DIE ERFOLGREICHSTEN ALBEN:

»Pleasure Victim« (2/83 US-LP 30)
»Love Life« (3/84 US-LP 28)

DER TOP-10-HIT:

»Take My Breath Away« (6/86 US 1; 9/86 GB 1, D 3; 10/90 GB 3)
ELEKTRO-POP

BIANCO, BONNIE

★ 19.8.1963. Die Amerikanerin sang zusammen mit dem Franzosen Pierre Cosso den Titel »Stay«. Diese Platte erreichte 1989 Platz 1 der deutschen Charts. Mit »Miss You So« war Bonnie bereits zwei Jahre zuvor, im Mai 1987, ein Top-10-Hit in Deutschland gelungen.

DAS ERFOLGSALBUM:

»Just Me« (6/87 D-LP 7)

DIE TOP-10-HITS:

»Miss You So« (5/87 D 9)
»Stay« (3/89 D 1)

WEITERE HITS AUSSERHALB DER TOP 10:

»The Heart Is A Lonely Hunter«
»Stranger In My Heart«
»Heartbreaker«
»Lonely Is The Night«
»A Cry In The Night«
»Straight From The Heart«

POP

Bonnie Bianco

BIG COUNTRY

Stuart Adamson g/syn/v (★ 11.4.1958, † 16.12.2001)
Mark Brzezicki d (★ 21.6.1957)
Tony Butler b (★ 13.2.1957)
Clive Parker, Bruce Watson g (★ 11.3.1961)
Alan Wishart, Peter Wishart key (★ 9.3.1962)
Die britische Band wurde Ende 1981 gegründet. Nach einigen un-
durchsichtigen Querelen formierte sich Big Country 1982 zu einem
festen Musikerstamm. Ab 1983 war die Gruppe regelmäßig in den
Charts vertreten, bis tief in die 90er Jahre erfolgreich.

DIE ERFOLGREICHSTEN ALBEN:

»The Crossing« (8/83 GB-LP 3; 9/83 US-LP 18)
»Steeltown« (10/84 GB-LP 1); »The Seer« (7/86 GB-LP 2, D-LP 16)
»Peace In Our Time« (10/88 GB-LP 9)
»Through A Big Country – Greatest Hits« (5/90 GB-LP 2)
»No Place Like Home«

DIE TOP-10-HITS:

»Fields Of Fire« (2/83 GB 10)
»Chance« (9/83 GB 9)
»Wonderland« (1/84 GB 8)
»Look Away« (4/86 GB 7)

WEITERE HITS AUSSERHALB DER TOP 10:

»Come Back To Me« (1984)
»Girl With Grey Eyes« (1984)
»One Great Thing« (1986)
»I Walk The Hill« (1986)
»In A Big Country Dream«
»Sailor«, »Alone« (1993)
»Seven Waves« (1993)
»Wildland In My Heart« (1993)
»Charlotte« (1993)

»Blue In A Green Planet« (1993)
»You Dreamer« (1995)
»Message Of Love« (1995).
POP, ROCK

BJÖRK

★ 21.11.1965. Bereits im zarten Alter von 11 Jahren war Björk mit Coversongs großer Hits erfolgreich. Als die Isländerin bemerkte, dass das eigentlich nicht ihre Musik war, gründete sie eine Vielzahl von Gruppen, darunter eine New-Wave- und Punkband. Als Mitglied der Sugarcubes war sie in Großbritanninen erfolgreich. Der Song »Hit« enterte die Top 20 der britischen Charts, die Alben »Life's Too Good«, »Here Today, Tomorrow, Next Week« und »Stick Around For Joy« landeten ebenfalls in den Top 20 der britischen LP-Charts.

Obwohl die Band von der Presse bejubelt wurde, war Björk noch nicht am Ziel ihrer Träume angelangt.

1990 erschien ihr erstes Solo-Album »Gling-Glo«, womit die Auflösung der Sugarcubes eingeleitet war. Björk veröffentlichte etliche sehr gut gemachte Platten, die sich durch die Vielseitigkeit der musikalischen Stilrichtungen auszeichneten.

1993 erschien das Album »Debut« (7/93 GB-LP 3, US-LP 61). Es sollte sich mehr als 2,5 millionenmal verkaufen. Das Album »Post« (6/95 GB-LP 2, D-LP 6; 7/95 US-LP 32) folgte. Bei der Nummer »It's Oh So Quiet«, die auch als Intro für Wigald Bonings »W.I.B.-Schaukel« diente, handelte es sich um eine Coverversion eines Stückes von Betty Hutton.

1997 brachte Björk das Album »Homogenic« (10/97 GB-LP 4, D-LP 10) auf den Musikmarkt.

Ende der 90er Jahre plante sie einen Ausflug ins Filmgeschäft. Sie spielte in dem Streifen »Dancer In The Dark« die Hauptrolle und wurde sogar bei den Filmfestspielen in Cannes als beste Schauspielerin ausgezeichnet.

Die Top-10-Hits
»Army Of Me« (5/95 GB 10)
»It's Oh So Quiet« (11/95 GB 4)
»Hyperballad« (2/96 GB 8)
Pop

Black
★ 26.5.1962, † 26.1.2016.
Anfang 1981 gründete Colin Vearncombe zusammen mit zwei anderen Musikern, einem Keyboarder und einem Bassisten, das Trio Black. Die ersten vier Jahre ihres künstlerischen Schaffens hatten sie keinen nennenswerten Erfolg. Colin versuchte sein Glück alleine und fand es auch. Seine Alben »Wonderful Life« (9/87 GB-LP 3, D-LP 9) »Paradise« (1/88 GB 38) und »Everything's Coming Up Roses« (1/88 D 11) waren sehr erfolgreich.

1991 und 1993 erschienen mit »Black« und »Are We Having Fun Yet« zwei weitere Alben auf dem Musikmarkt.

Obwohl er weiterhin Musik machte, konnte er den Erfolg seiner beiden Top-Hits »Sweetest Smile« und »Wonderful Life« nicht wiederholen.

Die Top-10-Hits:
»Sweetest Smile« (6/87 GB 8)
»Wonderful Life« (8/87 GB 8; 10/87 D 2)

Weitere Hits ausserhalb der Top 10:
»Feels Like Change«, »Everything's Coming Up Roses«, »The Big One«.
Soft Pop

BLONDIE

Debbie Harry v (★ 1.7.1945)
Chris Stein g (★ 5.1.1950)
Jimmy Destri key (★ 13.4.1954)
Clement Burke d (★ 24.11.1955)
Gary Valentine b

Die 1974 formierte Band hatte mit »The Tide Is High« einen großen Hit. Debbie Harry hatte bis dahin als »Playboy Bunny« gearbeitet. Die Amerikanerin war als attraktive Frontfrau das Aushängeschild von Blondie. Ab Ende der 70er Jahre hatten Blondie Erfolg. »Denis«, »Heart Of Glass« und »Sunday Girl« hießen die Hits.

Der Erfolg hielt ganze vier Jahre, da wurde Chris Stein ernsthaft krank. Debbie pflegte ihn wieder gesund und startete danach eine Karriere als Solistin und Filmschauspielerin.

1998 vereinten sich Blondie wieder. »Maria« erreichte die Spitze der britischen Charts.

DIE ERFOLGREICHSTEN ALBEN:

»Autoamerican« (11/80 GB-LP 3; 12/80 US-LP 7)
»Best Of Blondie« (10/81 GB-LP 4, US-LP 30)
»The Hunter« (6/82 GB-LP 9, US-LP 33)
»The Complete Picture
»The Very Best Of Deborah Harry & Blondie«, (3/91 GB-LP 3)
»Atomic – The Very Best Of Blondie« (7/98 GB-LP 12)
»Atomic/Atomix – The Very Best of Blondie« (2/99 GB-LP 12)
»No Exit« (2/99 D-LP 18, GB-LP 3; 3/99 US-LP 18)

DIE TOP-10-HITS:

»Atomic« (2/80 GB 1)
»Call Me« (2/80 US 1; 4/80 GB 1)
»The Tide Is High« (11/80 GB 1, US 1)
»Rapture«(1/81 GB 5, US 1)
»Maria« (2/99 D 3, GB 1)

»Platinum Blonde«
NEW WAVE, POP

BLUE BELLS

Robert Hodgens v/g,
Kenneth McCluskey v/flageolet,
David McCluskey v/d,
Laurence Donegan b,
Russel Irvine g,
Neal Baldwyn,
Craig Gannon.
Die Schotten erreichten 1984 mit »Young At Heart« einen Platz 8 in
den britischen Charts. Einige Monate zuvor hatten sie mit »I'm Falling«
(3/84 GB 11) bereits einen Hit gehabt.
1987 löste sich die Band auf.
Der Song »Young At Heart« sollte in den 90er Jahren nochmals
wegen eines Werbespots für VW größere Beachtung bekommen.

DER TOP-10-HIT:
»Young At Heart« (6/84 GB 8; 3/93 GB 1)
POP

BLUR

Damon Albarn v (★ 23.3.1968)
Graham Coxon g (★ 12.3.1969)
Alex James v/b (★ 21.11.1968)
Dave Rowntree d (★ 8.5.1963)
Anfang 1990 veröffentlichte die ein Jahr zuvor gegründete Band ihre
Debütsingle »She's So High«. 1991 folgte das erste Album »Leisure«.
Da es mit Oasis eine zweite erfolgreiche Britpop-Band gab, wurde in
und über die Medien eine regelrechte Schlacht ausgetragen, bei der es

darum ging, wer die Britpop-Band schlechthin ist. Die Lager der Fans spalteten sich. Von 1991-1999 hatten Blur insgesamt elf Top-10-Hits in Großbritannien. Oasis hatten von 1994-1998 zehn Top-10-Hits, darunter konnte sich einer jedoch in den US-Charts platzieren.

DIE ERFOLGREICHSTEN ALBEN:
»Leisure« (9/91 GB-LP 7)
»Modern Life Is Rubbish« (5/93 GB-LP 15)
»Parklife« (4/94 GB-LP 1)
»The Great Escape« (9/95 GB-LP 1)
»Blur« (2/97 GB-LP 1)
»13« (3/99 GB-LP 1, D-LP 6)

DIE TOP-10-HITS:
»There's No Other Was« (4/91 GB 8)
»Girls And Boys« (3/94 GB 5)
»Parklife« (9/94 GB 10)
»Country House« (8/95 GB 1)
»The Universal« (11/95 GB 5)
»Stereotypes« (2/96 GB 7)
»Charmless Man« (5/96 GB 5)
»Beetlebum« (2/97 GB 1)
»Song 2« (4/97 GB 2)
»On Your Own« (6/97 GB 5)
»Tender« (3/99 GB 2)
POP, BRITPOP

BOLLAND & BOLLAND
Die beiden Holländer hatten mit »Tears Of Ice« ein tolles One-Hit-Wonder.

BOLTON, MICHAEL
★ 26.2.1953.

Unter seinem richtigen Namen Michael Bolotin und mit der Band Blackjack produzierte der spätere Michael Bolton zunächst einige Flops. 1983 beschloss er, wieder als Solist aufzutreten, aus »Bolotin« wurde »Bolton«, und schon kam der erste Erfolg, eine Notierung in den US-Charts.

Boltons Art zu singen, die in den USA als »Blue-Eyed Soul« bezeichnet wird, hört man unter 1000 Stimmen heraus.
Von 1989-1995 hatte er acht Top-10-Hits in den USA.

DIE ERFOLGREICHSTEN ALBEN:
»The Hunger« (10/87 US-LP 46)
»Soul Provider« (7/89 US-LP 3; 3/90 GB-LP 4)
»Time, Love &T enderness« (5/91 US-LP 1, GB-LP 2)
»Timeless (The Classics)« (10/92 US-LP 1, GB-LP 3)
»The One Thing« (11/93 GB-LP 4; 12/93 US-LP 3, D-LP 5)
»Greatest Hits 1985-1995« (9/95 GB-LP 2; 10/95 US-LP 5, D-LP 8)
»This Is The Time – The Christmas Album« (10/96 US-LP 11)
»All That Matters« (11/97 US-LP 39, GB-LP 20)

DIE TOP-10-HITS:
»How Am I Supposed To Live Without You« (10/89 US 1; 2/90 GB 3)
»How Can We Be Lovers« (3/90 GB 10, US 3)
»When I'm Back On My Feet Again« (5/90 US 7)
»Love Is A Wonderful Thing« (4/91 US 4)
»Time, Love&Tenderness« (7/91 US 7)
»When A Man Loves A Woman« (10/91 GB 8, US 1)
»Said I Loved You ... But I Lied« (11/93 US 6)
»Can I Touch You ... There?« (9/95 GB 6)

WEITERE HITS AUSSERHALB DER TOP 10:
»Reach Out, I'll Be There«
»To Love Somebody«

»Missing You Now«
»Lean On Me«
»Steel Bars«
Pop, Rhythm & Blues, Soul

Bomb The Bass

Tim Simenon computer (★ 21.6.1967). Der Brite Simenon arbeitete u. a. für Neneh Cherry, Adamski und Seal. »Beat Dis« war sein erster großer Erfolg. Weitere drei Top-10-Hits sollten folgen.

Die erfolgreichsten Alben:
»Into The Dragon« (10/88 GB-LP 18)
»Unknown Territory« (8/91 GB-LP 19)

Die Top-10-Hits:
»Beat Dis« (2/88 D 6, GB 2)
»Megablast / Don't Make Me Wait« (8/88 GB 6)
»Say A Little Prayer« (11/88 GB 10)
»Winter In July« (7/91 GB 7)
Dance, Techno

Boney M.

Marcia Barrett v (★ 14.10.1945),
Bobby Farrell (★ 6.10.1949; †. 30.12.2010),
Liz Mitchell v (★ 12.7.1952),
Patty Onyewenjo,
Sharon Stevens,
Reggie Tsiboe,
Maizie Williams v (★ 25.3.1951).

Die von Frank Farian gegründeten Boney M. hatten von Mitte der 70er Jahre bis tief in die 90er Jahre großen Erfolg. Vor allem der Stimme von Liz Mitchell war es zu verdanken, dass eine Nr. 1 nach der anderen in den Hitparaden zu verzeichnen war. Alleine von 1976 bis 1979 hatten sie 9 Nr. 1-Hits. Weltweit verkauften sich rund 150 Millionen Tonträger.

DIE ERFOLGREICHSTEN ALBEN:
»The Magic Of Boney M.« (4/80 GB-LP 1; 5/80 D-LP 2)
»Boonoonoonoos« (11/81 D-LP 15)
»Christmas Album« (1/82 D-LP 14)
»The Best Of 10 Years« (2/86 D-LP 3; 9/86 GB-LP 35)
»Gold – 20 Super Hits« (1/93 D-LP 5; 3/93 GB-LP 14)

DIE TOP-10-HITS:
»I See A Boat On The River« (4/80 D 5)
»Felicidad (Margherita)« (12/80 D 6)
»Happy Song« (12/84 D 7)
»Boney M. Megamix« (12/92 GB 7)
DISKO

BONFIRE
Vier Jungs, Claus Lessmann, der Kopf der Band, sowie Jörg, Edgar und Angel, machten in den 80ern und 90ern gute Heavy-Musik.

Dabei wechselten harte Klänge wie bei »The Stroke« und »Sweet Obsession« mit klangvollen schönen Balladen wie »You Make Me Feel«, »Give It A Try«, »Who's Foolin' Who« und »Why Is It Never Enough?« ab.

DIE WICHTIGSTEN ALBEN:
»Don't Touch The Light«,
»Fire Works«,
»Point Black«,
»Knock Out«
»The Best Of The Ballads« (1986-1997)

DIE HITS:

»You Make Me Feel« (1986)
»Give It A Try« (1987)
»Sweet Obsession« (1987)
»Who's Foolin' Who« (1989)
»Why Is It Never Enough?« (1989)
HEAVY METAL, ROCK

BON JOVI

John Bongiovi v/g (★ 2.3.1962)
Richie Sambora g (★ 11.7.1959)
David Bryan key (★ 7.2.1962)
Alec John Such b (★ 14.11.1956)
Tico Torres d (★ 7.10.1953)

1983 bekamen die aus den beiden Bands Bongiovi und Rashbaum in New Jersey gegründeten Bon Jovi ihren ersten Plattenvertrag. 1987 wurde die amerikanische Band mit der LP »Slippery When Wet« bekannt. »You Give Love A Bad Name« und »Livin' On A Prayer«, Auskopplungen aus der LP, waren die ersten beiden Nr. 1-Hits. Bon Jovi produzierten einen Hit nach dem anderen, reihten eine Tournee an die nächste. Ende der 80er Jahre hatte Jon Bon Jovi, der Kopf der Gruppe, vorübergehend keine Lust mehr auf seine restlichen Bandmitglieder. Er spielte in einem Film mit und nahm solo den Song »Blaze Of Glory« auf, der sofort die US-Charts als Nr. 1 enterte. 1994 waren Bon Jovi mit der CD »Cross Road« wieder als Band in aller Munde. Mit »These Days« erschien ein Jahr später ein weiteres, sehr erfolgreiches Album.

1997 produzierte Jon Bon Jovi mit »Destination Anywhere« ein Soloalbum und machte weiterhin als Schauspieler auf sich aufmerksam.

DIE ERFOLGREICHSTEN ALBEN:

»Bon Jovi« (2/84 US-LP 43)

»7800 Fahrenheit« (5/85 US-LP 37, GB-LP 28, D-LP 40)
»Slippery When Wet« (9/86 US-LP 1, GB-LP 6, D-LP 11)
»New Jersey« (10/88 US-LP 1, GB-LP 1, D-LP 4)
»Blaze Of Glory« (8/90 US-LP 3, GB-LP 2; 9/90 D-LP 4)
»Keep The Faith« (11/92 US-LP 5, GB-LP 1, D-LP 2)
»Cross Road« (10/94 GB-LP 1, D-LP 1; 11/94 US-LP 8)
»These Days« (6/95 D-LP 1; 7/95 US-LP 9, GB-LP 1)
»Destination Anywhere« (6/97 GB-LP 2, D-LP 1; 7/97 US-LP 31)

DIE TOP-10-HITS:
»You Give Love A Bad Name« (9/86 US 1)
»Livin' On A Prayer« (10/86 GB 4; 12/86 US 1)
»Wanted Dead Or Alive« (4/87 US 7)
»Bad Medicine« (9/88 US 1)
»Born To Be My Baby« (11/88 US 3)
»I'll Be There For You« (3/89 US 1)
»Lay Your Hands On Me« (6/89 US 7)
»Living In Sin« (10/89 US 9)
»Blaze Of Glory« (7/90 US 1)
»Keep The Faith« (10/92 D 8, GB 5)
»Bed Of Roses« (1/93 US 10; 3/93 D 10)
»In These Arms« (5/93 GB 9)
»Always« (9/94 D 4, US 4, GB 2)
»Dry County« (3/94 GB 9)
»Please Don't Come Home For Christmas« (12/94 GB 7)
»Someday I'll Be Saturday Night« (2/95 GB 7)
»This Ain't A Love Song« (6/95 D 9, GB 6)
»Something For The Pain« (9/95 GB 8)
»Lie To Me« (11/95 GB 10)
»These Days« (3/96 GB 7)
»Midnight In Chelsea« (6/97 D 9, GB 4)
»Queen Of New Orleans« (8/97 GB 10)
ROCK

Boo, Betty

★ 6.3.1970. Bettys Mutter ist Schottin, ihr Vater ein Malaie. Nachdem sie Mitglied in zwei Bands war, wanderte sie auf Solopfaden. Ihre Debüt-CD »Boomania« (9/90 GB-LP 4) verkaufte sich in GB knapp eine halbe millionmal. Auf ihrer zweiten CD »Grrr! It's Betty Boo« zeichnete sie sich für alle Songs verantwortlich, u.a. für das wunderbare »Let Me Take You There«. Mit humorvollen Videos und ihrem einer Comicfigur aus den 30er Jahren entliehenen Namen hatte Betty Boo ein einzigartiges Format, dem allerdings nach 1990 kein Top-10-Hit mehr entspringen wollte.

Das erfolgreichste Album:
»Boomania« (9/90 GB-LP 4)

Die Top-10-Hits:
»Doin' The Do« (5/90 GB 7)
»Where Are You Baby« (8/90 GB 3)

Weiterer Hit ausserhalb der Top 10:
»24 Hours (Remix)«
Dance

Boomtown Rats

Peter Briquette b (★ 2.7.1954)
Gerry Cott g,
Simon Crowe d,
Johnny Fingers key (★ 10.9.1956)
Bob Geldof v (★ 5.12.1954)
Gerry Roberts v/g (★ 16.6.1954)
Der ehemalige Musikjournalist Bob Geldof dachte 1975, er könne selbst Musik machen. Er gründete die Boomtown Rats. 1977 erschien mit »Looking After No. 1« die erste richtungsweisende Platte. Mit »Rat Trap« hatten sie ein Jahr später ihre erste Nr. 1 in den britischen Charts.

Der weltweit bekannteste Hit der Boomtown Rats dürfte jedoch »I Don't Like Mondays« sein. Dieser Song erreichte im Juli 1979 ebenfalls die Spitze der britischen Charts.

1984 ging aus den Auflösungserscheinungen der Rats Bob Geldof als Solist hervor. Mit »This Is The World Calling« und »The Great Song Of Indifference« gelangen ihm zwei wunderbare Top-40-Hits.

Zusammen mit Midge Ure organisierte er das Band-Aid-Projekt »Do They Know It's Christmas Time«, das um die Weihnachtszeit 1984 auf Platz 1 der deutschen und britischen Charts stand.

Am 13.07.1985 fand das Live-Aid-Konzert für die Hungerhilfe Äthiopien statt. Die Veranstaltung, die weltweit ausgestrahlt wurde, war ebenfalls von Geldof organisiert worden.

DIE ERFOLGREICHSTEN ALBEN:

»Mondo Bongo« (1/81 GB-LP 6; 2/81 D 16)
»Loudmouth – The Best Of The Boomtown Rats And Bob Geldof« (7/94 GB-LP 10)

DIE TOP-10-HITS:

»Someone's Looking At You« (1/80 GB 4)
»Banana Republic« (11/80 D 3, GB 3)
NEW WAVE, PUNK, ROCK

BOSTON

Brad Delp v/g (★ 12.6.1951),
Barry Goudreau g (★ 29.11.1951),
Sib Hashian d (★ 17.8.1949),
Jim Masdea d,
Gary Phil g,
Tom Scholz g/key (★ 10.3.1947),
Fran Sheehan b (★ 26.3.1949).
Tom Scholz, der Kopf der Band, hatte sie nach der gemeinsamen Stadt der Mitglieder benannt. Mit »More Than A Feeling« hatten

sie 1976, ein Jahr nach der Gründung, bereits den ersten Top-10-Hit. Von Ende der 70er Jahre bis Mitte der 80er Jahre hörte man recht wenig von Boston, bis sie 1986 mit dem Album »Third Stage« wieder auftauchten. Die daraus ausgekoppelte Single »Amanda« wurde ein Top-10-Hit in den USA.

DIE ERFOLGREICHSTEN ALBEN:
»Third Stage« (10/86 US-LP 1, GB-LP 37; 11/86 D-LP 25)
»Walk On« (6/94 US-LP 7)
»Greatest Hits« (6/97 US-LP 47)

DIE TOP-10-HITS:
»Amanda« (9/86 US 1)
»We're Ready« (12/86 US 9)
ROCK

BOWIE, DAVID
★ 8.1.1947; † 10.1.2016
Die Musikkarriere des Briten begann bereits im zarten Alter von 15 Jahren. Er blies das Saxophon in einer Jazz-Band. Nachdem er in drei weiteren Bands relativ erfolglos geblieben war, machte er ab 1968 solo weiter. Eine Reihe von erfolglosen Singles folgten. Ein weiterer Versuch mit der Gruppe Feathers scheiterte. 1969 erschien mit »Space Oddity« jene Platte, die ihn zum ersten Mal in den Top 10 der britischen Charts notierte. Danach machte Bowie drei Jahre lang Pause, und startete ab 1972 endgültig mit dauerhaftem Erfolg durch. Zwischendurch war Bowie als Schauspieler in »Labyrinth« und »Absolute Beginners« zu sehen und spielte am Broadway im Stück »Elephant Man«. 1996 wurde der Brite in die Rock And Roll Hall Of Fame aufgenommen. Ein Jugendtraum, eines Tages zu den bedeutendsten Rockern in England zu gehören, wurde wahr.

Die erfolgreichsten Alben:

»Scarry Monsters And Super Creeps« (9/80 GB-LP 1);
(10/80 US-LP 12, D-LP 8)
»The Very Best Of David Bowie« (1/81 GB-LP 3)
»Christiane F. Wir Kinder vom Bahnhof Zoo« (5/81 D-LP 5)
»Rare« (1/83 D-LP 13)
»Let's Dance« (4/83 GB-LP 1, US-LP 4; 5/83 D-LP 2)
»Ziggy Stardust – The Motion Picture« (11/83 GB-LP 17)
»Tonight« (10/84 GB-LP 1, US-LP 11, D-LP 8)
»Never Let Me Down« (5/87 GB-LP 6, US-LP 34)
»Changesbowie« (3/90 GB-LP 1, D-LP 7; 4/90 US-LP 39)
»Black Tie White Noise« (4/93 GB-LP 1, US-LP 39)
»The Singles Collection« (11/93 GB-LP 9)
»Outside« (10/95 GB-LP 8, US-LP 21)
»Earthling« (2/97 GB-LP 6; 3/97 US-LP 39)
»The Best Of 1969/1974« (11/97 GB-LP 8)
»Hours« (10/99 GB-LP 5, D-LP 4)

Die Top-10-Hits:

»Ashes To Ashes« (8/80 D 9, GB 1)
»Fashion« (11/80 GB 5)
»Under Pressure« (11/81 GB 1)
»Peace On Earth – Little Drummer Boy« (11/82 GB 3)
»Let's Dance« (3/83 GB 1, US 1, D 2)
»China Girl« (6/83 D 6, GB 2, US 10)
»Modern Love« (9/83 GB 2)
»Blue Jean« (9/84 US 8, GB 6)
»This Is Not America« (3/85 D 5)
»Dancing In The Street« (8/85 US 7, GB 1, D 5)
»Absolute Beginners« (3/86 GB 2, D 7)
»Jump They Say« (3/93 GB 9)

Boy George

★ 14.6.1961. Anfang der 80er Jahre tauchte der bunte Paradiesvogel Boy George in der Londoner Clubszene auf.

Zunächst wurde der extravagante Malcolm McLaren auf ihn aufmerksam. Nach einigen Projekten kristallisierte sich 1982 aus einem Stamm an Musikern der Culture Club heraus.

Diese Formation war die nächsten vier Jahre sehr sehr erfolgreich, bis Boy George ab 1987 solo weitermachte. Mit »Everything I Own« hatte er seinen einzigen Nr. 1-Hit. Danach tauchte er ab.

1991 kam er mit der Gruppe Jesus Loves You zurück. Boy George war mittlerweile der Hare-Krishna-Sekte beigetreten, so dass er ihr mit dem sehr melodischen »Bow Down Mister« einen Song zu widmen hatte. Einen legendären Auftritt mit einer Gruppe von sitzenden Jüngern hatte er bei der von Thomas Gottschalk moderierten Berliner Funkausstellung. Ende 1998 kam es zu einer Wiedervereinigung des Culture Clubs.

Das Album:
»Cheapness & Beauty« (1995)

Die Top-10-Hits:
»Everything I Own« (3/87 D 8, GB 1)
»Bow Down Mister« (5/91 D 6)

Hit ausserhalb der Top 10:
»Whether They Like It Or Not«
Dance, Pop, New Romantic

Boy Meets Girl

George Merrill key,
Shannon Rubicam v.
Shannon und George hatten zusammen mit David Lindquist als musikalisches Trio begonnen. Ohne Lindquist erschien die erste LP des Duos Shannon und George. Sie nannten sich mittlerweile Boy Meets Girl. Der erste Hit »Oh Girl« landete in den Top 40 der USA. Als bekannt wurde, dass die beiden zwei Nr. 1-Hits für Whitney Houston geschrieben hatten, gab das ihrer eigenen Karriere enorm Auftrieb. 1988 hatten sie mit »Waiting For A Star To Fall« ihren größten Hit. Im selben Jahr gaben die beiden sich das Ja-Wort.

Das Album
»Reel Life« (1988)

Der Top-10-Hit:
»Waiting For A Star To Fall« (9/88 US 5; 12/88 GB 9)
Soft Pop

Boytronic

Hayo Panarinfo computer/per,
Bela Lagonda key,
Holger Wobker v,
Mark Wade v.
Das 1983 gegründete Synthie-Projekt Boytronic hatte junges Dance-Publikum als Zielgruppe im Visier.

Mit »You« gelang ihnen ein fetziger Elektro-Pop-Knaller, ein One-Hit-Wonder, das sich gerade mal so in den Top-10 der deutschen Charts platzierte.

Der Hit:
»You« (9/83 D 10)
Dance, Elektro-Pop

BOYZONE

Keith Duffy v (★ 1.10.1974),
Stephen Gately v (★ 17.3.1976),
Michael Graham v (★ 15.8.1972),
Ronan Keating v ★ 3.3.1977),
Shane Lynch v (★ 3.7.1976).

Boyzone konnten als irische Ausgabe von Take That gesehen werden. 1994 wurden sie über Nacht bekannt. Vor allem die weiblichen Fans unterstützten die Jungs aus Dublin. 1996 gelang ihnen mit »Words« der erste Nr. 1-Hit in Großbritannien. Entgegen der Annahme, dass Boybands bereits bei der Gründung das Verfallsdatum im Nacken sitzt, war der Erfolg von Boyzone langfristig.

Ende der 90er Jahre kamen einige Mitglieder der Band als Solisten, der Erfolgreichste darunter war Ronan Keating.

DIE ERFOLGREICHSTEN ALBEN:

»Said And Done« (9/95 GB-LP 1)
»A Different Beat« (11/96 GB-LP 1)
»Where We Belong« (6/98 GB-LP 1)
»By Request« (6/99 GB-LP 1, D-LP 4)

DIE TOP-10-HITS:

»Love Me For A Reason« (12/94 GB 2)
»Key To My Life« (4/95 GB 3)
»So Good« (8/95 GB 3)
»Father And Son« (11/95 GB 2)
»Coming Home Now« (3/96 GB 4)
»Words« (10/96 GB 1, D 7)
»A Different Beat« (12/96 GB 1)
»Isn't It A Wonder« (3/97 GB 2)
»Picture Of You« (8/97 GB 2)
»Baby Can I Hold You« (12/97 GB 2)
»All That I Need« (5/98 GB 1)
»No Matter What« (8/98 GB 1; 10/98 D 2)

»I Love The Way You Love Me« (12/98 GB 2)
»When The Going Gets Tough« (3/99 GB 1)
»You Needed Me« (5/99 GB 1)
»Every Day I Love You« (12/99 GB 3)
BOY-GROUP

BRANDUARDI, ANGELO

Dem Italiener mit der etwas ausufernden Künstlerfrisur gelang mit
»La Pulce D'Aqua« sein wohl bekanntester und schönster Hit.

BRANDY & MONICA

Brandy v (★ 1.2.1979)
Monica v (★ 24.10.1980)
Der gemeinsame Hit der solo ebenso erfolgreichen Sängerinnen kam
binnen 14 Tagen auf Platz 1 der US-Charts.

DER TOP-10-HIT:

»The Boy Is Mine« (5/98 US 1; 6/98 D 5, GB 2)
POP, RHYTHM & BLUES

BRANIGAN, LAURA

Laura Branigan (★ 3.7.1957; † 26.8.2004)
Bevor sie ab 1982 als Solistin erfolgreich war, sang sie zunächst in
der Gruppe hinter Leonard Cohen.
Produziert von Jack White, hatte sie in der ersten Hälfte der 80er
Jahre drei Top-10-Hits.

DAS ERFOLGREICHSTE ALBUM:

»Self Control« (4/84 US-LP 23; 6/84 D-LP 5; 8/84 GB-LP 16)

DIE TOP-10-HITS:
»Gloria« (7/82 US 3; 12/82 GB 6)
»Solitaire« (3/83 US 7)
»Self Control« (4/84 D 1, US 4; 7/84 GB 5)
POP

BRAN VAN 3000

Pierre Bergen key,
James Desalvio v,
Steve Hawley rap,
Jayne Hill v,
Nick Hynes g,
Rob Joanisse d,
Stephane Morailles v.
Bran Van 3000 wurden 1997 in den USA gegründet. Mitte 1998 erschien mit »Glee« ihr Debütalbum.
Die Singleauskopplung »Drinking In L.A.« wurde erst ein Jahr später durch eine Bierwerbung erfolgreich.
Ein weiterer hörenswerter Titel war »Supermodel«.

DER TOP-10-HIT
»Drinking In L. A.« (8/99 GB 3)
HIP HOP, POP

BRAXTON, TONI

Toni Braxton v (★ 7.10.1968). Die Sängerin und Songschreiberin Toni machte zunächst dadurch auf sich aufmerksam, dass sie zusammen mit ihren vier Schwestern als Braxtons die Single »The Good Life« veröffentlichte.

Danach verfolgte sie ihre Solokarriere weiter, unterstützt vom Produzententeam Babyface/Reid.

1993 gewann sie den Grammy als beste neue Künstlerin.

1995 und 1997 wurden ihr zwei weitere Grammys für die Songs
»Breathe Again« und »Un-Break My Heart« verliehen.

Die erfolgreichsten Alben:
»Toni Braxton« (7/93 US-LP 1; 1/94 GB-LP 4; 3/94 D-LP 7)
»Secrets« (6/96 GB-LP 15; 7/96 US-LP 2, D-LP 2)

Die Top-10-Hits:
»Another Sad Love Song« (7/93 US 7)
»Breathe Again« (10/93 US 3; 1/94 GB 2)
»You Mean The World To Me« (4/94 US 7)
»You're Makin' Me High« (6/96 US 1; 7/96 GB 7)
»Un-Break My Heart« (10/96 US 1; 11/96 D 2, GB 2)
»I Don't Want To« (5/97 GB 9)
Pop, Rhythm & Blues

Breathe
David Glasper v, »Spike« Spice d,
Michael Delahunty b,
Marcus Lillington g.
Mit »Hands To Heaven« schafften die Briten 1988 jeweils den Sprung
in die Top 10 in den USA und Großbritannien.

Das erfolgreichste Album:
»All That Jazz« (6/88 US-LP 34; 10/88 GB-LP 22)

Die Top-10-Hits:
»Hands To Heaven« (4/88 US 2; 7/88 GB 4)
»How Can I Fall?« (9/88 US 3)
»Don't Tell Me Lies« (1/89 US 10)
Phillysound, Pop, Soul

BRICKELL, EDIE

Edie Brickell v (★ 10.3.1966). Zusammen mit den New Bohemians, die sie während ihrer Studienzeit in Dallas kennengelernt hatte, hatte die Texanerin 1988 mit »What I Am« einen wunderbaren Top-10-Hit in den USA.

Die erste LP »Shooting Rubberbands At The Stars« (9/88 US-LP 4; 2/89 GB-LP 25) erschien. 1994 veröffentlichte Edie mit »Picture Perfect Morning« ihr erstes Soloalbum.

Die Singleauskopplung »Good Times« erreichte trotz hervorragender Qualität lediglich die Top 40 der britischen Charts.

DER TOP-10-HIT:
What I Am (11/88 US 7)
FOLK, ROCK

BRIGHTMAN, SARAH

Sarah Brightman v (★ 14.8.1961). Mit einem von Jeff Calvert geschriebenen Song, »I Lost My Heart To A Starship Trooper«, stand Sarah Brightman bereits mit 18 Jahren in den Top 10 der britischen Charts.

Nach einigen Schwierigkeiten kam sie 1985 mit »Pie Jesu« zurück, das sie im Duett mit Paul Miles-Kingston sang. Mit Steve Harley, dem Kopf von Cockney Rebel, interpretierte sie »The Phantom Of The Opera«. Die meisten der Songs, die Sarah sang, waren zusammen mit ihrem damaligen Ehemann Andrew Lloyd Webber erarbeitet worden.

1992 sang sie im Duett mit José Carreras »Amigos Para Siempre (Friends For Life)« (7/92 GB 11).

1996 gelang ihr zusammen mit dem italienischen Tenor Andrea Bocelli der große Wurf. Anlässlich des letzten Boxkampfes von Boxgentleman Henry Maske war »Time To Say Goodbye« aufgenommen worden. Die Platte entwickelte sich zur meistverkauften Single aller Zeiten in Deutschland. Mehr als 2,8 Millionen gingen über die Ladentische.

Das erfolgreichste Album:
»Timeless« (6/97 GB-LP 2)

Die Top-10-Hits:
»I Lost My Heart To A Starship Trooper« (11/78 GB 6)
»Pie Jesu« (3/85 GB 3)
»The Phantom Of The Opera« (1/86 GB 7)
»All I Ask Of You« (10/86 GB 3)
»Wishing You Were Somehow Here Again« (1/87 GB 7)
»Time To Say Goodbye« (12/96 D 1; 5/97 GB 2)

Weitere Hits ausserhalb der Top 10:
»A Question Of Lust« (1995)
»Heaven Is Here« (1995)
»Who Wants To Live Forever« (1997)
»Tu Quieres Volver« (1997)
»Just Show Me How To Love You« (1997)
»Eden« (1998)
»Nella Fantasia« (1998)
»Deliver Me« (1998)
»Only An Ocean Away« (1998)
»First Of May« (1998)
»The Last Words You Said« (feat. Richard Marx) (1999)
Pop

Bronski Beat
Steve Bronski key/per (★ 7.2.1960)
Larry Steinhachek key/per (★ 6.5.1960)
John-Jon v (★ 26.2.1961)
Jimmy Somerville v (★ 22.6.1961)
Jonathan Hellyer v
Bronski Beat wurden 1983 gegründet. Nach einem Auftritt im Vorprogramm von Tina Turner erhielten sie einen Plattenvertrag.

Sowohl die Musik als auch die Texte sprachen die Dance-Floor-Generation der 80er Jahre an. Bronski Beat sangen unverblümt über die Probleme homosexueller Jugendlicher, wie etwa in »Smalltown Boy«.

1985 gelang ihnen zusammen mit Marc Almond der wundervolle Hit »I Feel Love«. Danach trennte sich Somerville von Bronski Beat und ging zu den Communards. Es wurde um Bronski Beat stiller.

DIE ERFOLGREICHSTEN ALBEN:
»The Age Of Consent« (10/84 GB-LP 4, D-LP 10; 1/85 US-LP 36)
»Truthdare Doubledare« (5/86 GB-LP 18, D-LP 21)
»Bronski Beat Singles Collection 84-90« (12/90 D-LP 4)

DIE TOP-10-HITS:
»Smalltown Boy« (6/84 D 3, GB 3)
»Why?« (9/84 D 5, GB 6)
»I Feel Love« (4/85 GB 3)
»Hit That Perfect Beat« (11/85 GB 3; 1/86 D 4)

HIT AUSSERHALB DER TOP 10:
»Come On Come On«
DISKO, POP

BROS
Matthew v/key und Luke Goss d (★ 29.9.1968)
Craig Logan g (★ 22.4.1969)
»When Will I Be Famous?« Die Frage der britschen Zwillinge Matthew und Luke Goss sowie Craig Logan wurde durch Top-10-Hits in Deutschland und Großbritannien von selbst beantwortet.

DIE ERFOLGREICHSTEN ALBEN:
»Push« (4/88 GB-LP 2, D-LP 6)
»The Time« (10/89 GB-LP 4)
»Changing Faces« (10/91 GB-LP 18)

DIE TOP-10-HITS:
»When Will I Be Famous?« (1/88 GB 2; 3/88 D 4)
»Drop The Boy« (3/88 D 9, GB 2)
»I Owe You Nothing« (6/88 GB 1)
»I Quit« (9/88 GB 4)
»Cat Among The Pigeons/Silent Night« (12/88 GB 2)
»Too Much« (7/89 GB 2)
»Chocolate Box« (10/89 GB 9)
»Sister« (12/89 GB 10)

WEITERER HIT AUSSERHALB DER TOP 10:
»Try«
BOY-GROUP

BROWN, SAM
★ 7.10.1964. Das One-Hit-Wonder »Stop« der blonden Britin platzierte sich in Deutschland und Großbritannien in den Top 10. Zuvor war sie als Backgroundsängerin für Platten von Phil Collins, Spandau Ballett oder Barclay James Harvest tätig gewesen. Nach einem längeren Rückzug aus der Musikbranche kam sie 1995 zurück und wirkte bei der Pink-Floyd-Tournee »Division Bell« mit. Zusammen mit Fish von Marillion sang sie 1997 »Just Good Friends«.

DIE ERFOLGREICHSTEN ALBEN:
»Stop!« (3/89 GB-LP 4)
»Box« (1997)

DER TOP-10-HIT:
»Stop« (11/88 D 7; 2/89 GB 4)

HITS AUSSERHALB DER TOP 10:
»Can I Get A Witness?« (5/89 GB 15)

»Kissing Gate« (5/90 GB 23)
»With A Little Love«
POP

BRUCE & BONGO

Douglas Wilgrove (★ 19.3.1955)
Bruce Hammond Earlam
»Advantage Becker«, »Boris is geil«. Parallel zum durch Boris Becker ausgelösten Tennisboom gelang den beiden Briten mit »Geil« eine Nr. 1 in Deutschland.

DER TOP-10-HIT:
»Geil« (3/86 D 1)
SCHLAGER

BUCKS FIZZ

Mike Nolan v (★ 7.12.1954),
Bobby G v (★ 23.8.1957),
Cheryl Baker v (★ 8.3.1954),
Shelly Preston v (★ 16.5.1964),
Jay Aston v (★ 4.5.1961).
»Making Your Mind Up« gewann beim Grand Prix Eurovision 1981 für Großbritannien. Sowohl dieser Song als auch der Nachfolgehit »Land Of Make Believe« schafften den Sprung an die Spitze der britischen Charts.

DIE ERFOLGREICHSTEN ALBEN:
»Bucks Fizz« (8/81 GB-LP 14)
»Are You Ready?« (5/82 GB-LP 10)
»Hand Cut« (3/83 GB-LP 17)

Die Top-10-Hits:
»Making Your Mind Up« (3/81 D 5, GB 1)
»Land Of Make Believe« (11/81 GB 1; 2/82 D 3)
»My Camera Never Lies« (3/82 GB 1)
»Now Those Days Are Gone« (6/82 GB 8)
»If You Can't Stand The Heat« (11/82 GB 10)
»When We Were Young« (6/83 GB 10)
»New Beginning (Mamba Seyra) (6/86 GB 8)
Grand Prix, Pop

Bush, Kate

Kate Bush v (★ 30.7.1958). Die Britin wurde bereits mit 16 Jahren von Dave Gilmour von Pink Floyd entdeckt. Er gab ihr die Möglichkeit, Studio-Aufnahmen zu machen, und verschaffte ihr einen Vertrag bei der EMI.
1978 gelang ihr mit »Wuthering Heights« ein Nr. 1-Hit in den britischen Charts. Ihre Karriere ging mit schönen, sensibel gemachten Songs weiter.

Die erfolgreichsten Alben:
»Never For Ever« (9/80 GB-LP 1, D-LP 5)
»The Dreaming« (9/82 GB-LP 3; 10/82 D-LP 23)
»Hounds Of Love« (9/85 GB-LP 1, D-LP 2; 10/85 US-LP 30)
»The Whole Story« (11/86 GB-LP 1; 12/86 D-LP 11)
»The Sensual World« (10/89 GB-LP 2, D-LP 10)
»The Red Shoes« (11/93 GB-LP 2, US-LP 28)

Die Top-10-Hits:
»Babooshka« (7/80 GB 5)
»Running Up That Hill« (8/85 GB 3; 9/85 D 3)
»Don't Give Up« (11/88 GB 9)

»Cloudbusting« (1985) »Hounds Of Love« (1985)
Pop

B. V. S. M. P.

Frederick Eugene Byrd v (★ 15.9.1971),
Percy Nathan Rodgers v (★ 9.2.1970),
Calvin Williams v (★ 7.9.1966).
Baby Virgo And The Simple Mind Persuaders. So heißen B.V.S.M.P. ausgeschrieben.
Von Stevie B. auf der Straße entdeckt, konnten sie in den USA dennoch nicht Fuß fassen.
Ein sich auf Besuch in Kassel befindlicher DJ brachte Musik von B.V.S.M.P. mit und legte sie in einer großen Disco auf.
Diese Aktion hatte eine massive Nachfrage zur Folge, woraus ein Top-10-Hit für die Jungs aus Amerika resultierte.

Der Top-10-Hit:
»I Need You« (1/88 D 3; 7/88 GB 3)

Hits ausserhalb der Top 10:
»Be Gentle« (6/88 D 12) und »Anytime« (10/88 D 21)
Disko

Cameo

Larry Blackmon v/d (★ 29.5.1956),
Wayne Cooper v,
Thomas Jenkins v,
Gregory Johnson key,
Nathan Leftenant v.
Mitte der Siebziger Jahre hießen Cameo zunächst New York City Players. Ab 1976 nannten sie sich Cameo. 1984 wurde aus dem

Quintett ein Trio. Cooper und Johnson verließen Cameo. 1986 hatten die übriggebliebenen Drei mit »Word Up« ihren wohl größten Hit. Der Song war Top 10 in den USA, in Großbritannien und in Deutschland.

Nach einer längeren Pause erschienen 1990 neue Platten von Cameo. Larry Blackmon ließ nie einen Zweifel darüber aufkommen, dass er der Chef von Cameo ist. Er war Besitzer von Atlanta Records, Produzent, Förderer von Jungkünstlern ...

Nachdem er sein eigenes Plattenlabel gegründet hatte, tourte er u.a. mit der Gap Band (»Big Fun«).

DAS ERFOLGREICHSTE ALBUM:
»Word Up!« (9/86 US-LP 8; 10/86 GB-LP 7; 12/86 D-LP 34)

DER TOP-10-HIT:
»Word up!« (8/86 US 6, GB 3; 10/86 D 3)
SOUL, FUNK

CAMOUFLAGE
Oliver Kreyssig d (★ 4.9.1965)
Heiko Maile (★ 12.1.1966)
Marcus Meyn (★ 2.5.1966)
Das Trio aus Bietigheim klang zu Beginn seiner Karriere ein bisschen nach Depeche Mode. Sie hatten dennoch Qualität genug, um sich von ihnen zu unterscheiden.
»Love Is A Shield« war der größte Hit. Nachdem Oliver Kreyssig die Band verlassen hatte, erschien 1991 die dritte LP der Band.

DER TOP-10-HIT:
»Love Is A Shield« (5/89 D 9)

WEITERE HITS AUSSERHALB DER TOP 10:
»The Great Commandment« (10/87 D 14; 12/88 US 59)

»Strangers Thoughts« (3/88 D 20)
»One Fine Day«, »Suspicious Love«, »Time Is Over« (1993)
»In Your Ivory Tower« (1993)
»Salvation« (1996)
»Free To Decide« (1996)
ELEKTRO-POP

CAPPUCCINO

★ 11.1.1974 als Karsten Löwe in Braunschweig. Cappuccinos Wurzeln liegen im Breakdancing. Anfang der 90er Jahre begann er zu rappen und gründete ein Jahr später die Band Licence To Rime. Mit der Jazzkantine kamen seine ersten Erfolge. Cappuccinos Debütalbum hieß »Lautsprecher«. Die zweite Singleauskopplung »Du fehlst mir« stieg in die Top 10 der deutschen Charts ein, und veranlasste eine Radiomoderatorin dazu, sich über ihn und seine tiefe Stimme zu äußern. »Der könnte mir auch die Bedienungsanleitung einer Waschmaschine vorlesen«, geriet sie ins Schwärmen.
Der Nachfolger hieß »Regenbögen« (1/99 D 23).

DAS ERFOLGREICHSTE ALBUM:
»Nur die besten überleben« (3/99 D-LP 19)

DER TOP-10-HIT:
»Du fehlst mir« (10/97 D 5)
HIPHOP, RAP

CAPTAIN HOLLYWOOD

Tony Dawson-Harrison v, rap (★ 9.8.1962). Hinter dem Captain-Hollywood-Project steckt hauptsächlich Tony Dawson-Harrison. Der ehemalige Weltmeister im Breakdance und Elektroboogie war 1980 mit der US-Army nach Deutschland gekommen. Nachdem er in der TV-Sendung »Formel 1« und bei der Internationalen Funk-

ausstellung 1987 mit seinen Talenten auf sich aufmerksam machen konnte, gründete er eine eigene Band. Das Captain-Hollywood-Project. Seine ersten beiden Singles floppten.
Als Rapper der Formation Twenty Four Seven war er hingegen erfolgreich.
Anfang der 90er Jahre versuchte er es nochmals mit seinem eigenen Projekt. Sein Durchhaltevermögen führte zum Erfolg. Nach »Rock Me« erschien »More And More«, das eine Nr. 1 in Deutschland wurde, ja sogar die Top 20 der US-Charts erreichte.
Mit »Flying High« und »Find Another Way« enterten 1995 zwei weitere Songs die Top 30 der deutschen Charts.
1998 errichtete sich Dawson-Harrison sein eigenes Studio im Rheinland, wo er von nun an produzierte.

DAS ERFOLGREICHSTE ALBUM:
»Love Is Not Sex« (4/93 D-LP 9)

DIE TOP-10-HITS:
»More And More« (10/92 D 1)
»Only With You« (2/93 D 4)

WEITERER HIT AUSSERHALB DER TOP 10:
»Impossible«
DANCE

CAPTAIN SENSIBLE
★ 23.4.1954. Seine ersten Erfolge konnte Captain Sensible zusammen mit der britischen Punkgruppe Damned verbuchen.
Ab 1982 war er solo unterwegs. Für einige wenige ausgewählte Auftritte spielte er mit seinen alten Kumpels von den Damned.
Captain Sensible veröffentlichte mit »Revolution Now« ein mäßig erfolgreiches Album.

Die Top-10-Hits:
»Wot« (2/82 D 4)
»Happy Talk« (6/82 GB 1)
»Glad It's All Over/Damned On 45 (3/84 GB 6)
Pop

CARA, IRENE

★ 18.3.1959. »Flashdance ... What a feeling« begeisterte die Amerikaner, Engländer und Deutschen gleichermaßen.

Der Song der New Yorkerin kletterte 1983 in den USA auf Platz 1, in England auf Platz 2 und stieg in Deutschland folgerichtig auf Platz 3 ein. Bereits als Kind war Irene in Radio und TV aufgetreten. Sie spielte in einem Broadway-Musical, sang im Madison Square Garden und spielte in Fernsehserien, wie etwa »Roots«, die auch im Deutschen Fernsehen ausgestrahlt wurde. 1980 bekam sie die angestrebte Rolle in »Fame« und durfte den Titelsong aufnehmen.

Weitere Hits wie »Out Here On My Own« (8/80 US 19) »Why Me« (10/83 US 13, D 17) und »Breakdance« (3/84 US 8) umrahmten ihren größten Hit, »Flashdance«.

Die Top-10-Hits:
»Fame« (6/80; 7/82 GB 1)
»Flashdance... What A Feeling« (4/83 US 1; 6/83 D 3, GB 2)
»Breakdance« (3/84 US 8)
Dance, Pop

CARDIGANS

Lars-Olof Johansson key (★ 23.2.1973),
Bengt Lagerberg d (★ 5.7.1970),
Magne Sveningsson b (★ 4.4.1972),
Nina Perrson v,
Peter Svensson g,

Die schwedische Band wurde 1992 gegründet. Mit ihrem locker flockigen Sound stellten sie Mitte der 90er Jahre einen angenehmen Kontrast zur übersättigten Techno- und Houseszene dar. Erste Erfolge konnten sie mit »Carnival« in Japan verbuchen.

Nach anfänglichen Schwierigkeiten, die Radiostationen spielten die Platten nicht, die Käufer legten andere CDs auf die Ladentheken, gelang ihnen mit »Love Fool« ein Top-10-Hit in Deutschland.

DIE ERFOLGREICHSTEN ALBEN:
»First Band On The Moon« (10/96 GB-LP 18; 1/97 US-LP 35)
»Gran Turismo« (10/98 GB-LP 9)

DIE TOP-10-HITS:
»Lovefool« (4/97 D 6; 5/97 GB 2)
»Erase/Rewind« (3/99 GB 7)

WEITERE HITS AUSSERHALB DER TOP 10:
»Carnival« (6/95 GB 72; 12/95 RE-GB 35)
»Sick And Tired« (9/95 GB 34)
»Rise And Shine« (2/96 GB 29)
»Been It« (12/96 GB 56)
»My Favourite Game« (10/98 GB 14)
»Hanging Around« (7/99 GB 17)
POP

CAREY, MARIAH
★ 27.3.1970. Ende der 80er Jahre wurde von einer Plattenfirma eine geeignete Backgroundsängerin gesucht. Mariah Carey arbeitete zu diesem Zeitpunkt als Kellnerin in New York. Die Verantwortlichen waren von Mariahs Stimme so angetan, dass sie gleich einen Solovertrag bekam. Die Debütsingle »Vision Of Love« wurde sofort ein Millionseller. 1991 erhielt sie zwei Grammys als beste Sängerin und beste Newcomerin.

1994 sang sie im Duett mit Luther Vandross »Endless Love«. Bis Ende der 90er Jahre hatte sie sehr viele Nr. 1-Hits, sowohl in den USA als auch in Großbritannien und in Deutschland. Auf gleicher Augenhöhe mit Whitney Houston und Celine Dion gehört sie zu den Goldkehlchen unter den Sängerinnen.

DIE ERFOLGREICHSTEN ALBEN:
»Mariah Carey« (6/90 US-LP 1; 9/90 GB-LP 6)
»Emotions« (10/91 US-LP 4, GB-LP 4)
»MTV Unplugged EP« (6/92 US-LP 3; 7/92 GB-LP 3)
»Music Box« (9/93 US-LP 1, GB-LP 1, D-LP 1)
»Merry Christmas« (11/94 US-LP 3, GB-LP 32)
»Daydream« (10/95 US-LP 1, GB-LP 1, D-LP 1)
»Butterfly« (9/97 GB-LP 2, D-LP 7; 10/97 US-LP 1)
»Nr. 1s« (11/98 GB-LP 10, US-LP 4, D-LP 10)
»Rainbow« (11/99 GB-LP 8, D-LP 3, US-LP 2)

DIE TOP-10-HITS:
»Vision Of Love« (6/90 US 1; 8/90 GB 9)
»Love Takes Time« (9/90 US 1)
»Someday« (1/91 US 1)
»I Don't Wanna Cry« (4/91 US 1)
»Emotions« (8/91 US 1)
»Can't Let Go« (11/91 US 2)
»Make It Happen« (2/92 US 5)
»I'll Be There« (5/92 US 1, GB 2)
»Dreamlover« (8/93 US 1, GB 9)
»Hero« (10/93 GB 7, US 1)
»Without You« (1/94 GB 1, US 3; 3/94 D 1)
»Anytime You Need A Friend« (6/94 GB 8)
»Endless Love« (9/94 GB 3, US 2)
»All I Want For Christmas Is You« (12/94 GB 2)
»Fantasy« (9/95 US 1, GB 4)
»One Sweet Day« (12/95 US 1, GB 6)

»Open Arms« (2/96 GB 4)
»Always My Baby« (4/96 US 1; 6/96 GB 3)
»Honey« (9/97 US 1, GB 3)
»My All« (5/98 US 1; 6/98 GB 4)
»When You Believe« (12/98 GB 4, D 8)
»I Still Believe« (2/99 US 4)
»Heartbreaker« (9/99 US 1; 10/99 D 9; 11/99 GB 5)
»Thank God I Found You«(12/99 US 1)

WEITERE HITS AUSSERHALB DER TOP 10:
»Butterfly« (12/97 GB 22)»I'm Crying«
POP

CAREY, TONY

★ 16.10.1952. Der amerikanische Sänger, Gitarrist, Keyboarder und Songschreiber war Mitte der 70er Jahre kurzfristig Mitglied in Ritchie Blackmores Rainbow. 1978 kam er nach Deutschland und blieb im Land. Zusammen mit Peter Maffay schrieb er 1986 die Filmmusik für den Peter-Patzak-Film »Der Joker«. Für den erfolgreichen Mehrteiler »Wilder Westen inklusive« komponierte er »A Room With A View«, seinen wohl größten Hit. Obwohl Tony Carey auf eine vielseitige Karriere zurückblicken kann, entwickelten sich TV-Melodien zu seinem Spezialgebiet.

DER TOP-10-HIT:
»A Room With A View« (1/89 D 3)
ROCK, POP

CARLISLE, BELINDA

★ 17.8.1958. Mit »Heaven Is A Place On Earth« gelang dem ehemaligen Bandmitglied der Go-Gos ein internationaler Hit.
Weitere schöne Songs der attraktiven Belinda sollten folgen.

Neben der Musik setzte sie sich verstärkt für Umwelt- und Tier-schutz ein. Sie lebt mit Morgan Mason, Sohn des Schauspielers James Mason, in Frankreich, und hat mit ihm ein Kind.

DIE ERFOLGREICHSTEN ALBEN:

»Belinda« (6/86 US-LP 13)
»Heaven On Earth« (10/87 US-LP 13; 1/88 GB-LP 4)
»Runaway Horses« (10/89 US-LP 37; 11/89 GB-LP 4)
»Live Your Life Be Free« (10/91 GB-LP 7)
»The Best Of Belinda Volume 1« (9/92 GB-LP 1)
»Real« (10/93 GB-LP 9)
»A Woman And A Man« (10/96 GB-LP 12)
»A Place On Earth« – The Greatest Hits« (11/99 GB-LP 15)

DIE TOP-10-HITS:

»Mad About You« (5/86 US 3)
»Heaven Is A Place On Earth« (9/87 US 1; 12/87 D 3, GB 1)
»I Get Weak« (1/88 GB 10, US 2)
»Circle In The Sand« (4/88 GB 4, US 7; 6/88 D 9)
»Leave A Light On« (10/89 GB 4)
»(We Want) The Same Thing« (10/90 GB 6)
»In Too Deep« (7/96 GB 6)
»Always Breaking My Heart« (9/96 GB 8)

WEITERE HITS AUSSERHALB DER TOP 10:

»Little Black Book«,
»Big Scary Animal«,
»La Luna«,
»Live Your Life Be Free«
POP

CARMEN, ERIC

★ 11.8.1949. Das ehemalige Bandmitglied der Raspberries machte solo weiter. 1975 landete er mit »All By Myself« seinen ersten Tophit, enterte die US-Charts auf Platz 2.
Erst zwölf Jahre später sollte ihm wieder ein großer Wurf gelingen.
»Hungry Eyes«, Titelmusik aus dem weltweiten Kino-Kassenschlager »Dirty Dancing«, schlug ein wie der Blitz. Der Nachfolgehit »Make Me Lose Control« war ähnlich erfolgreich. Danach wurde es wieder etwas stiller um den Musiker aus Cleveland/Ohio.

DIE TOP-10-HITS:
All By Myself (12/75 US 2)
Hungry Eyes (11/87 US 4)
Make Me Lose Control (5/88 US 3)
ROCK, POP

CARNES, KIM

★ 20.7.1945. Der amerikanischen Sängerin mit der Reibeisenstimme gelang mit einer Hommage an Bette Davis ein Welthit. In Deutschland und Amerika kletterte der Song bis an die Spitze der Charts, in Großbritannien reichte es immerhin in die Top 10. Zusammen mit ihrem Ehemann Dave Ellington schrieb sie Songs für Showgrößen wie Frank Sinatra und Barbara Streisand. Sie arbeitete ebenfalls als Schreiberin und Interpretin von Werbejingles und nahm am Projekt USA For Africa teil.

DAS ERFOLGREICHSTE ALBUM:
»Mistaken Identity« (5/81 US-LP 1; 6/81 GB-LP 26; 7/81 D-LP 3)

DIE TOP-10-HITS:
»Don't Fall In Love With A Dreamer« (3/80 US 4)
»More Love« (5/80 US 10)
»Bette Davis Eyes« (3/81 US 1; 5/81 D 1, GB 10)

Cars

Elliot Easton g (★ 18.12.1953)
Greg Hawkes key
Ric Ocasek v/g (★ 23.3.1949)
Benjamin Orr v/b (★ 9.8.1947, † 3.10.2000)
David Robinson d (★ 2.4.1953)
Die Cars gingen Mitte der 70er Jahre aus der Bostoner Gruppe Cap'n Swing hervor. Von 1977-1988, dem Trennungsjahr der Band, hatten die Cars große Erfolge zu verbuchen. Sechs Alben erschienen, die alle jeweils über 1 millionmal über die Ladentheke gingen. Das Debüt-album »The Cars« wurde sogar weit über 6 millionenmal verkauft.

Hauptanteil an diesen Erfolgen hatte der Sänger Ric Ocasek, der nahezu alle Songs der Band selbst schrieb.

Ric Ocasek, der sicherlich mit seinem etwas düsteren und skurrilen Aussehen nicht zu den attraktivsten und schönsten Popstars zählt, hatte dennoch bei schönen Frauen einen Schlag. So heiratete er 1989 das wunderschöne Supermodel Paulina Porizkowa.

Die erfolgreichsten Alben:

»Panorama« (9/80 US-LP 5)
»Shake It Up« (11/81 US-LP 9)
»Heartbeat City« (4/84 US-LP 3; 10/84 GB-LP 25;11/84 D-LP 15)
»The Cars Greatest Hits« (11/85 US-LP 12, GB-LP 27)

Die Top-10-Hits:

»Shake It Up« (11/81 US 4)
»You Might Think« (3/84 US 7)
»Drive« (8/84 GB 5, US 3; 10/84 D 4; 8/85 GB 4)
»Tonight She Comes« (11/85 US 7)

»You Are The Girl«,
»Hello Again«
ROCK

CASSIDY, DAVID

★ 12.4.1950. David, Sohn des Schauspielers Jack Cassidy, absolvierte eine musikalische und schauspielerische Ausbildung und war zunächst in kleineren Rollen in Broadway-Musicals zu sehen. Etwas später spielte er in TV-Serien wie »Bonanza« und »Ironside« mit. Ende 1970 bekam David eine Rolle neben seiner Stiefmutter in der »Partridge Family«. Er durfte in der Serie Lieder zum Besten geben, von denen einige zu Hits in Großbritannien und in den USA wurden. In Deutschland hatte er Mitte der 70er Jahre mit »Rock Me Baby« einen Top-10-Hit. David füllte die Stadien, war der Liebling des weiblichen Publikums schlechthin. Ende der 70er Jahre erklärte er, er müsse nach Jahren, in denen er sieben Tage die Woche 18 Stunden gearbeitet habe, eine längere Pause machen. 1985 kam er zurück. Mit »The Last Kiss« gelang ihm ein erfolgreiches Comeback.

Der Schmusesong enterte die Top 10 in Großbritannien und in Deutschland.

DER TOP-10-HIT:
»The Last Kiss« (2/85 GB 6; 4/85 D 10)
POP

CATCH

Don Snow v (★ 13.1.1957)
Andy Duncan d/per,
Chris Whitten d/per (★ 26.3.1959)
»25 Years«, ein Song über einen Farmer, der nach vielen Arbeitsjahren

wegen eines kleinen Diebstahls 25 Jahre bekommt, erreichte Platz 3 der deutschen Charts. Das überraschende Element des Songs war der Amboss, der den Takt des Erfolgshits von Catch vorgab.

Der Top-10-Hit:
»25 Years« (10/83 D 3)
POP

CAUGHT IN THE ACT

Lee Baxter v (★ 16.7.1972)
Benjamin Boyce v (★ 23.8.1971)
Eloy De Jong v (★ 13.3.1973)
Bastiaan Ragas v/p (★ 30.6.1972)
Caught In The Act waren eine der wichtigsten Boygroups der 90er Jahre. Ihr nettes und freundliches Image trug dazu bei, dass die jungen Mädchen ihr Taschengeld gerne für die britisch-holländische Band ausgaben. Der Erfolg von CITA, wie sie abgekürzt wurden, beschränkte sich auf den deutschen Musikmarkt.

1998 trennte sich die Band mit der Begründung, dass ihr ausgelaufener Vertrag nicht verlängert worden war. Benjamin Boyce kam als Solist und enterte die Top 100 der deutschen Charts.

DIE ERFOLGREICHSTEN ALBEN:
»Caught In The Act Of Love« (7/95 D-LP 6)
»Forever Friends« (5/96 D-LP 2)
»Vibe« (7/97 D-LP 4)

DIE TOP-10-HITS:
»Love Is Everywhere« (1/95 D 10)
»Don't Walk Away« (4/96 D 9)
»Baby Come Back« (4/98 D 10)

C. C. Catch

C. C. CATCH

★ 31.7.1964 als Caroline Müller. Die von Dieter Bohlen entdeckte Niederländerin spielte zunächst in einer Osnabrücker Mädchenband. Nach vier Top-10-Hits trennte sich C. C. Catch von ihrem Produzenten Bohlen, um mit anspruchsvolleren Songs eigene, weniger von Erfolg gekrönte Wege zu gehen. Ihr erfolgreichstes Album hieß »Catch The Catch« (5/86 D-LP 6).

DIE TOP-10-HITS:
»Cause You're Young« (2/86 D 9)
»Strangers By Night« (4/86 D 9)
»Heartbreak Hotel« (9/86 D 8)
»Backseat Of Your Cadillac« (10/88 D 10)

SINGLES AUSSERHALB DER TOP 10:
»Heaven And Hell«
»House Of Mystic Lights«
»I Can Lose My Heart Tonight«
»Soul Survivor«
»Are You Man Enough«
»Baby I Need Your Love«
»Nothing But A Heartache«
DISCO, POP

CETERA, PETER
★ 13.9.1944. Chicago gingen 1969 aus der drei Jahre zuvor gegründeten Band Chicago Transit Authority hervor. Peter Cetera, Kopf der Band, veröffentlichte ab 1981 nebenbei Soloplatten, bevor er 1985 Chicago endgültig den Rücken kehrte. Ein Jahr später begann die Zeit, in der aus seinen Soloprojekten Hits entstanden.

DAS ERFOLGREICHSTE ALBUM:
»Solitude/Solitaire« (7/86 US-LP 23)

DIE TOP-10-HITS:
»Glory Of Love« (6/86 US 1; 8/86 GB 3)
»The Next Time I Fall« (9/86 US 1)
»One Good Woman« (7/88 US 4)

»After All« (3/89 US 6)

HITS AUSSERHALB DER TOP 10:
»Restless Heart«
»Save Me«
POP, ROCK

CHAPMAN, TRACY

★ 20.3.1964. Die farbige Sängerin aus Ohio studierte Ethnologie, bevor sie 1988 entdeckt wurde. Sie wurde mit dem Grammy Award ausgezeichnet. Obwohl die Kritiker ihrem Gesang zu wenig Eigenleben unterstellten, verkauften sich Chapmans Alben weltweit millionenfach. Für »Give Me One Reason« erhielt sie 1997 den Grammy für den besten Rocksong des Jahres.

DIE ERFOLGREICHSTEN ALBEN:
»Tracy Chapman« (4/88 US-LP 1; 5/88 GB-LP 1; 7/88 D-LP 1)
»Crossroads« (10/89 US-LP 9, GB-LP 1, D-LP 1)
»Matters Of The Heart« (2/92 GB-LP 19)
»New Beginning« (12/95 US-LP 4)

DIE TOP-10-HITS:
»Fast Car« (6/88 US 6, GB 5)
»Give Me One Reason« (4/96 US 3)

WEITERER HIT AUSSERHALB DER TOP 10:
»Across The Lines«
ROCK, FOLK

CHARLES, TINA

★ 10.3.1955. Die Sängerin der 5000 Volts hatte in den 70ern drei Top-10-Erfolge in Großbritannien. 1987 gelang ihr mit »I Love To Love« ein Platz 5 in den deutschen Charts.

DER TOP-10-HIT:
»I Love To Love« (7/87 D 5)
DISKO

CHARLES & EDDIE

Eddie Chacon v (★ 22.8.1963)
Charles Pettigrew v (★ 12.5.1963, † 6.4.2001)
1992 veröffentlichten Charles&Eddie, die sich zufällig in der U-Bahn getroffen hatten, ihre Debüt-LP »Duophonic«.

Die Liebe zur Soulmusik verband die beiden sofort. Ihre erste Single »Would I Lie To You?« wurde auf Anhieb eine Nr. 1 in Deutschland und in Großbritannien. 2001 verstarb Charles 38-jährig allzu früh an Krebs.

DAS ERFOLGREICHSTE ALBUM:
»Duophonic« (12/92 GB-LP 19; 1/93 D-LP 6)

DER TOP-10-HIT:
»Would I Lie To You?« (10/92 D 1, GB 1)

HITS AUSSERHALB DER TOP 10:
»N. Y. C.« (2/93 GB 33, 3/93 D 32)
»House Is Not A Home« (5/93 GB 29)
»24-7-365« (5/95 GB 38)
SOUL

CHEAP TRICK

Rick Neilsen v/g (★ 22.12.1946)
Robin Zander v/g (★ 23.1.1952)
Tom Peterson v/b (★ 9.5.1950)
Bun E. Carlos d (★ 12.6.1951)
Jon Brant b (★ 20.2.1954)
Die 1973 gegründete amerikanische Rockband hatte 1988 mit
»The Flame« eine Nr. 1 in den USA. Der Nachfolgehit »Don't Be
Cruel« enterte ebenfalls die Top 10 in den US-Charts. Robin Zander
arbeitete teilweise als Solist.
   Tom Petersson, der die Band zwischenzeitlich verlassen hatte,
kehrte zu ihr zurück.

DIE ERFOLGREICHSTEN ALBEN:

»Lap Of Luxury« (5/88 US-LP 16)
»Woke Up With A Monster« (1994)
»Cheap Trick« (1997)

DIE TOP-10-HITS:

»The Flame« (4/88 US 1)
»Don't Be Cruel« (7/88 US 4)
ROCK

CHER

★ 20.5.1946. Cher begann zunächst als Sessionsängerin. Dabei lernte
sie Sonny Bono kennen. 1964 heirateten die beiden. Ab 1965 waren
Sonny & Cher als Duo erfolgreich. Chers Solokarriere litt darunter
keineswegs. Von 1965 bis 1974 hatte sie sieben Top-10-Hits. Im
selben Jahr ließ sie sich von Sonny Bono scheiden. Die Heirat mit
Gregg Allman gab ihr wenig positive Impulse, was zur Folge hatte,
dass viele das Ende ihrer Karriere erwarteten. In den 80er Jahren
kam sie, ähnlich wie Tina Turner, gestärkt zurück, machte eine

Karriere, die größer war als je zuvor. Im Duett mit Meatloaf hatte die Kalifornierin zunächst den Hit »Dead Ringer For Love«.

Neben dem Singen baute sie sich ein zweites Standbein, eine Karriere als Schauspielerin auf. Sie spielte in »Silkwood«, »Mask«, »Die Hexen von Eastwick«, »Suspekt«, »Mondsüchtig« und »Meerjungfrauen küssen besser«. Für »Silkwood« wurde sie für den Oscar nominiert, für »Mondsüchtig« bekam sie ihn als beste Schauspielerin. Ab 1987 war sie wieder regelmäßig mit Hits in den Top 10 der Charts notiert. Sie konservierte ihren Erfolg über das Ende der 90er Jahre hinaus.

DIE ERFOLGREICHSTEN ALBEN:

»Cher« (12/87 US-LP 32; 1/88 GB-LP 26)
»Heart Of Stone« (7/89 US-LP 10, GB-LP 7)
»Love Hurts« (6/91 GB-LP 1; 7/91 D-LP 6)
»Greatest Hits« 1965-1992 (11/92 GB-LP 1)
»It's A Man's World« (11/95 GB-LP 10)
»Believe« (11/98 GB-LP 7, D-LP 1, US-LP 4)
»The Greatest Hits« (11/99 GB-LP 7, D-LP 1)

DIE TOP-10-HITS:

»Dead Ringer For Love« (11/81 GB 5)
»I Found Someone« (11/87 GB 5, US 10)
»After All« (3/89 US 6)
»If I Could Turn Back Time« (7/89 US 3; 9/89 GB 6)
»Just Like Jesse James« (10/89 US 8)
»The Shoop Shoop Song« (4/91 GB 1, D 3)
»Love And Understanding« (7/91 GB 10)
»Love Can Build A Bridge« (3/95 GB 1)
»One By One« (1/96 GB 7)
»Believe« (10/98 D 1, GB 1; 12/98 US 1)
»Strong Enough« (3/99 D 3, GB 5)

HITS AUSSERHALB DER TOP 10:

»Heart Of Stone« (1989)

»Could Have Been You«
POP, ROCK, FOLK

CHERRY, NENEH

★ 10.3.1964. Die von den Briten »Bomb The Bass« produzierte und von der in Schweden geborenen Neneh Cherry interpretierte Single »Buffalo Stance« erreichte in den USA, Großbritannien und Deutschland die Top 10. Die »Words In Heavy Doses« machten vor niemandem Halt.

Zusammen mit dem Senegalesen Youssou N'Dour gelang ihr »Seven Seconds«.

DAS ERFOLGREICHSTE ALBUM:
»Raw Like Sushi« (6/89 GB-LP 2, D-LP 10, US-LP 40)

DIE TOP-10-HITS:
»Buffalo Stance« (12/88 GB 3; 1/89 D 2; 4/89 US 3)
»Manchild« (5/89 D 2, GB 5)
»Kisses In The Wind« (7/89 US 8)
»Seven Seconds« (6/94 D 3, GB 3)
»Love Can Build A Bridge« (3/95 GB 1)
»Woman« (8/96 GB 9)
POP, RHYTHM & BLUES

CHICAGO

Peter Cetera v/b (★ 13.9.1944)
Danny Seraphine d (★ 28.8.1948)
Terry Kath v/g (★ 31.1.1946, † 23.1.1987)
Robert Lamm v/key (★ 13.10.1944)
Lee Loughnane tr (★ 21.10.1946)
James Pankow pos (★ 20.8.1947)
Walter Parazaider sax (★ 14.3.1945)

Bill Champlin v/g/key,
Donny Dacus g,
Laudir de Oliveira per,
Chris Pinnick g,
Jason Scheff b,
DaWayne Bailey g.

1967 wurde die Gruppe gegründet. Sie benannte sich nach dem Namen der Stadt, aus der sie kam. 1969 veröffentlichten sie die erste LP. Der Erfolg kam jedoch erst mit »Chicago II«, der zweiten LP, die ein Jahr später erschien.

Bis 1991 veröffentlichten Chicago 21 LPs, alle schön der Reihe nach aufsteigend nummeriert. Nahezu alle waren Millionenseller.

DIE ERFOLGREICHSTEN ALBEN:

»Chicago 16« (6/82 US-LP 9; 8/82 D-LP 11)
»The Feeling Of Chicago« (2/83 D-LP 8)
»Chicago 17« (5/84 D-LP 12; 6/84 US-LP 4; 12/84 GB-LP 24)
»19« (7/88 US-LP 37)
»The Heart Of Chicago« (11/89 GB-LP 6)
»Greatest Hits 1982-1989 (12/89 US-LP 37)

DIE TOP-10-HITS:

»Hard To Say I'm Sorry« (6/82 US 1; 8/82 GB 4, D 6)
»Hard Habit To Break« (8/84 US 3; 10/84 GB 8)
»You're My Inspiration« (11/84 US 3)
»Will You Still Love Me?« (11/86 US 3)
»I Don't Wanna Live Without Your Love« (6/88 US 3)
»Look Away« (9/88 US 1)
»You're Not Alone« (1/89 US 10)
»What Kind Of Man Would I Be?« (12/89 US 5)

JAZZ, POP, ROCK

CHILDS, TONI

Toni Childs v/g/b,
David Ricketts b/g/key,
Rick Marotta drums.
1988 veröffentlichte Tony Childs das Album »Union«.
Die schönsten Singleauskoppelungen der Frau mit der angenehm
tiefen Stimme waren »Zimbabwae«, »Stop Your Fussin'« und »Don't
Walk Away«.

CHIMES

Pauline Henry v (★ 29.1.1961),
James Locke d,
Mike Penden b.
Das britische Trio überraschte 1990 mit dem gelungenen Nachzieher
des U2-Titels »I Still Haven't Found What I'm Looking For«.
»Heaven« schaffte es als Nachfolgehit noch unter die Top 30 der
britischen Charts, bevor sich Pauline Henry 1993 auf erfolgreiche
Solopfade begab.

DER TOP-10-HIT:

»I Still Haven't Found What I'm Looking For« (5/90 GB 6)
POP, SOUL

CHINA CRISIS

Gary Daly v/key/g (★ 5.5.1962),
Eddie Lundon g/v/key (★ 9.6.1962),
Gary Johnson b,
Kevin Wilkinson d,
Steve Levy oboe/sax,
Brian Mc Neil key.
Mit »Wishful Thinking« hatten die Liverpooler ein One-Hit-
Wonder. Der Song erreichte die Top 10 der britischen Charts. Die

zweite Single »King In A Catholic Style« platzierte sich nicht in den Charts.

DAS ERFOLGREICHSTE ALBUM:
»Flaunt The Imperfection« (5/85 GB-LP 9)

DER TOP-10-HIT:
»Wishful Thinking« (1/84 GB 9)
POP

CHRISTIE, TONY
★ 25.4.1943

Im zarten Alten von 20 Jahren wurde der Autodidakt Tony, der sich das Gitarrenspiel selbst beigebracht hatte, professioneller Musiker. Anfang der 70er Jahre hatte er drei große Hits, darunter »Is This The Way To Amarillo«. Danach machte er weiterhin Platten, konnte die Erfolge jedoch nicht mehr bestätigen. 1980 gelang ihm mit »Sweet September« nochmals eine Platzierung in den Top 20 der deutschen Charts. Jack White und G. G. Anderson produzierten seine Platten. Mitte der 90er Jahre veröffentlichte er ein Duett mit Vicky Leandros. »We're Gonna Stay Together«.

1999 sollte der Mann, der immer bei Konzerten leichtfüßig über die Bühne schwebt, unter gütiger Mithilfe der britischen Raver »All Seeing« nochmals einen Top-10-Hit bekommen.

»Walk Like Panther« enterte die britischen Charts auf Platz 10.

DAS ERFOLGREICHSTE ALBUM
»Welcome To My Music« (9/91 D-LP 7)

DER TOP-10-HIT
»Walk Like A Panther« (1/99 GB 10)

»Come With Me To Paradise«
»Moonlight And Roses«
POP

CHUMBAWAMBA

Jude Abbott tr,
Frank Boff v/g,
Mavis Dillon key,
Bruce Dunston v/per,
Neil Ferguson g,
Paul Greco b,
Harry Darren Hammerr d/per,
Common Knowledge v/key/acc,
Billy McCoid d,
Matty McFusion v,
Danbert Nobacon v/g,
Alice Nutter v,
Louise Mary Watts key.
Seit den frühen 80er Jahren versammelt Alice Nutter immer wieder
Musiker um sich. Bis 1997 machten Chumbawamba verschiedene
Projekte, deren Erfolg überschaubar war. Mit »Tubthumping« gelang
ihnen der große Durchbruch. Folk-, Dance- und Punkelemente ver-
einten sich zu einem außergewöhnlichen Stück Musik.

DIE ERFOLGREICHSTEN ALBEN:
»Anarchy« (5/94 GB-LP 29)
»Tubthumper« (9/97 GB-LP 19, US-LP 3, D-LP 18)

DIE TOP-10-HITS:
»Tubthumping« (8/97 GB 2; 9/97 US 6)
»Amnesia« (1/98 GB 10)
POP

Clannad

Ciaran Brennan v/b/syn,
Pol Brennan v/g/key,
Maire Brennan v/harp,
Padrain Duggan v/g/manola,
Noel Duggan v/g.

Der Gruppenname leitet sich aus dem Gälischen her, bedeutet soviel wie »Familie«.

Etliche Verwandte vereinten sich zu einem erfolgreichen Projekt. Eine der weltbesten, berühmtesten und erfolgreichsten Sängerinnen aller Zeiten, Enya, gehörte auch zur Formation.

Ihren Durchbruch schafften Clannad in Deutschland, bevor sie auch in Irland und Großbritannien bekannt wurden.

Sie schrieben die Musik zur TV-Serie »Robin Hood« und nahmen 1986 zusammen mit Bono von U2 »In A Lifetime« auf.

1991 sangen sie zusammen mit Paul Young das Stück »Both Sides«, das im Film »Switch« von Blake Edwards zu hören ist.

Der Top-10-Hit:
»Theme From Harry's Game« (11/82 GB 5)

Hits ausserhalb der Top 10:
»Robin (The Hooded Man)« (1984)
»Lady Marian« (1984)
»Ancient Forest« (1984)
Folk, Pop

Clapton, Eric

★ 30.3.1945. 1993 war das Jahr des Ausnahmegitarristen Eric Clapton. Bei der Grammy-Verleihung konnte er sechs der äußerst begehrten Trophäen abräumen.

Clapton spielte bereits im zarten Alter von 14 Jahren bekannte Stücke großer Bluesgitarristen nach. Seine erste Band hieß Roosters, später ging er zu den Yardbirds. Inzwischen nannte man ihn respektvoll »Slowhand«. Als die Yardbirds auf Popmusik umstiegen, ging er zu John Mayall's Bluesbreakers, um sich seine Liebe zum Jazz zu bewahren. Nächste Station für »Mr. Slowhand« oder »God«, wie man ihn mittlerweile auch nannte, war Cream. Zwei Jahre später gründete Clapton u. a. mit Stevie Winwood eine weitere Supergruppe. Er trat im Anschluss daran mit der damaligen Ausnahmegruppe Delaney & Bonnie auf. Eric wollte eine zurückhaltende Rolle einnehmen, die Fans hingegen forderten mehr aktive Bühnenpräsenz. Es kam zum Eklat. Clapton wich aus, widmete sich einem neuen Projekt: Derek & The Dominoes. Clapton blieb bei seiner zurückhaltenden Art. Seine Auftritte wurden weniger. Es wurde bekannt, dass er sich zu einer Entziehungskur zurückgezogen hatte, um sein Drogenproblem in den Griff zu bekommen.

1974 nahm er eine LP auf, deren Singleauskopplung »I Shot The Sheriff« ein Millionseller wurde. Er war wieder im Musikgeschäft zurück, erfolgreicher denn je. In den 80er Jahren wurde sein Erfolg größer. Seine LPs verkauften sich massenhaft, und auch die Kritiker lobten ihn nahezu einstimmig. Zusätzlich zu seinem einzigartigen Gitarrenklang hatte er seine Stimme verbessert. Er bekam weitere Grammys, für den besten Sänger, die besten Platten, die besten Songs.

DIE ERFOLGREICHSTEN ALBEN:
»Another Ticket« (3/81 US-LP 7, GB-LP 18, D-LP 26)
»Time Pieces/The Best Of Eric Clapton« (4/82 GB-LP 20; 5/82 US-LP 1 – siebenmal Platin in den USA)
»Behind The Sun« (3/85 GB-LP 8, D-LP 15; 4/85 US-LP 34)
»August« (12/86 GB-LP 3, US-LP 37)
»Crossroads« (5/88 US-LP 34)
«Just One Night (5/89 US-LP 2, GB-LP 3; 6/80 D-LP 16)
»Journeyman« (11/89 US-LP 16, GB-LP 2)
»Unplugged« (9/92 US-LP 1 – zehnmal Platin, D-LP 3, GB-LP 2)
»From The Cradle« (9/94 GB-LP 1, D-LP 6; 10/94 US-LP 1)
»Pilgrim« (3/98 D-LP 3, US-LP 4, GB-LP 6)

»Chronicles – The Best Of« (10/99 D-LP 3, GB-LP 6)

DIE TOP-10-HITS:
»I Can't Stand It« (2/81 US 10)
»Layla« (3/82 GB 4)
»Tears In Heaven« (2/92 GB 5, US 2)
»Love Can Build A Bridge« (3/95 GB 1)
»Change The World« (5/96 US 5)

HITS AUSSERHALB DER TOP 10:
»After Midnight«
»Wonderful Tonight«
»Pretending«
»Bad Love«
BLUES, POP, ROCK, RHYTHM & BLUES

CLARK, ANNE

24 Songs, 80 Minuten Gesamtspieldauer, »The Best Of Anne Clark«.
Wer sich gerne ein bisschen im »Weltschmerz« suhlt, der ist bei Anne
Clark genau richtig. Die Sängerin, die auch gerne Gedichte und
andere literarische Texte mag, hatte mit »Our Darkness« (1983) einen
Knaller, der sowohl in den 80er Jahren, als auch später in einigen
anderen Versionen die Fans verzückte. »Sleeper In Metropolis« und
»Wallies« waren weitere Hits für Anne.
ELEKTRO POP, POP

CLARK, PETULA

★ 15.11.1932. Petula Clark ist die Grande Dame der Popmusik. Wer ihr
heutzutage gegenübertritt, der schaut in die Augen einer im Herzen jung-
gebliebenen Frau. Petula war bereits Anfang der 40er Jahre ein Kinderstar.
Zwischen 1943 und 1951 wirkte sie in einigen Filmproduktionen mit.
Sie gewann einen Preis als beste Fernsehkünstlerin. Während des Zweiten

Weltkrieges trat sie wie Marilyn Monroe vor Soldaten auf. Allerdings tat sie das sage und schreibe 500 Mal. Nach dem Krieg ging die Erfolgsgeschichte weiter. Von 1954 bis 1967 hatte sie 17 Top-10-Hits, darunter mit »Sailor«, »Monsieur«, »My Love«, »This Is My Song« und natürlich »Downtown« vier Nr. 1-Hits. Anfang der 70er Jahre war ihre Karriere als Sängerin beendet. Als Schauspielerin blieb Petula Clark jedoch im Business.

Mit »Downtown '88«, das nochmals in die Top 10 der britischen Charts kam, wurde auch den jüngeren Generationen klar, wo sie hinmüssen, wenn sie alleine sind und das Leben sie traurig, verrückt oder sonstwie launig macht. Eben downtown.

DER TOP-10-HIT:
»Downtown '88« (11/88 GB 10)
POP

CLAYTON, ADAM & MULLEN, LARRY
Adam Clayton b (★ 13.3.1960)
Larry Mullen Jr. d (★ 31.10.1961)
Die TV-Serie »Kobra, übernehmen Sie« war Ende der 60er, Anfang der 70er Jahre in Deutschland ein Renner.

Die Sendung, die aus den USA zu uns kam, galt gemeinhin als eine der besten aus dem Genre Spionage. Im Original hieß sie »Mission: Impossible« und handelte von Elite-Geheimpolizisten, die eigentlich unlösbare Aufträge stets zu einem guten Ende brachten.

1996 kamen die Jungs wieder. Dieses Mal in die Kinos. Hauptdarsteller Tom Cruise und die Musik von Clayton/Mullen, zwei Musikern von U2, füllten die Kinos. Die Platte wurde ein weltweiter Hit.

DER TOP-10-HIT:
»Theme From Mission: Impossible« (5/96 US 7; 6/96 GB 7; 7/96 D 6)
INSTRUMENTAL, ROCK

85

CLIFF, JIMMY

★ 1.4.1948. Der Jamaikaner gehörte zu den ersten, die in Europa mit Raggae durchkamen. Sein Reggae überforderte die Europäer insofern nicht, als dass es sich dabei um mit Streichern unterlegten Reggae light handelte. Neben der Musik trat er auch als Filmschauspieler in Streifen wie »The Harder They Come« und »Club Paradise« auf. In Afrika und Südamerika blieb Jimmy Cliff auch in den 90ern ein Star, obwohl seine beiden Top-10-Hits Ende der 60er, Anfang der 70er auf den Markt gekommen waren.

DAS ERFOLGREICHSTE ALBUM:
»Breakout«(1993)

DER HIT IN DEN 90ERN:
»I Can See Clearly Now« (11/93 US 18; 3/94 GB 23)
REGGAE

CLIMIE FISHER

Simon Climie v (★ 7.4.1960)
Rob Fisher key/b (★ 5.11.1959; †. 25.08.1999)
Simon Climie machte sich zunächst als Songschreiber einen Namen. Zusammen mit Rob Fisher gründete er 1986 das Duo Climie Fisher. Mit »Rise To The Occasion« und »Love Changes« hatten sie zwei Charterfolge. Rob Fisher starb an einer Bauchspeicheldrüsenentzündung.

DAS ERFOLGREICHSTE ALBUM:
»Everything« (2/88 GB-LP 14, D-LP 7)

DIE TOP-10-HITS:
»Love Changes Everything« (11/87 D 7; 3/88 GB 2)
»Rise To The Occasion« (12/87 GB 10)

»Keeping The Mystery Alive« (1987) »Fire On The Ocean«, »Love Like A River«, »Facts Of Love«
Pop

Club Nouveau

Jay King v/key,
Valerie Watson v,
Denzil Foster v/key,
Thomas McElroy v/key,
Samuelle Prater v,
David Agent v,
Kevin Irving v.
Diese Band aus Sacramento wurde von Jay King geführt. Mit »Lean On Me«, dem Nachzieher des Bill-Withers-Stücks, hatten Club Nouveau in den USA einen Millionseller.

Die Maxi-Version wurde öfter mal in deutschen Radiostationen wie etwa ›SWF3‹ gespielt. Nach einigen Bandumbesetzungen wollte der Erfolg nicht zurückkommen. Foster und McElroy vereinten sich zu einem erfolgreichen Produzententeam.

Das erfolgreichste Album:
»Life Love & Pain« (12/86 US-LP 6)

Der Top-10-Hit:
»Lean On Me« (2/87 US 1; 3/87 GB 3; 4/87 D 9)
Disko, One Hit Wonder

Cochrane, Tom

★ 13.5.1953
1977 kam Cochrane, ein Cousin des Rockers Eddie Cochrane, zum Trio Red Rider, der erfolgreichsten Band Kanadas. Als Solist hatte

Tom vorher bereits einige Flops produziert. Mit »Life Is A Highway«
gelang ihm Anfang der 90er Jahre der endgültige Durchbruch.

DAS ERFOLGREICHSTE ALBUM:
»Mad Mad World« (5/92 US-LP 46)

DER TOP-10-HIT:
Life Is A Highway (5/92 US 6)
ROCK

COCKER, JOE

★ 20.5.1944; † 22.12.2014. Es gibt zwei Sänger, die auf der Bühne
stets »unter Strom« stehen. Herbert Grönemeyer und Joe Cocker. Der
Brite aus Sheffield hat trotz oder gerade wegen der vielen Rückschläge,
die er im Verlauf seiner Karriere einstecken musste, einen großen
Stellenwert unter den Musikern. Cocker gilt als wahres Stehaufmänn-
chen, das sich weder von unfairen Haien, die ihn um Geld betrogen
hatten, noch von anderen Widrigkeiten des Musikbusiness beein-
drucken ließ. Management und Plattenfirmen gingen mit Cocker
nicht zimperlich um. Er wurde teilweise mit lächerlichen Summen
für seine Auftritte abgespeist, und auf den Plattenbeilagen schrieben
sie, was sie für richtig hielten. Mittlerweile hat Cocker dazugelernt.
Es gibt keine Skandale mehr. Er überzeugt durch ehrliche Arbeit,
gut gemachte Platten und ausverkaufte Konzerte.

Songs wie »With A Little Help From My Friends«, »You Are So
Beautiful« und »Up Where We Belong«, zusammen mit Jennifer
Warnes, sind zu Ohrwürmerm geworden.

DIE ERFOLGREICHSTEN ALBEN:
»A Civilized Man« (4/84 D-LP 7)
»Cocker« (4/86 D-LP 4)
»Definite« (2/87 D-LP 1)
»Unchain My Heart« (10/87 D-LP 2)

»One Night Of Sin« (6/89 D-LP 2)
»Live« (6/90 D-LP 5)
»Night Calls« (10/91 D-LP 6; 4/92 GB-LP 25)
»The Legend The Essential Collection« (6/92 GB-LP 4)
»Best Of Joe Cocker« (11/92 D-LP 7)
»Have A Little Faith« (9/94 D-LP 3, GB-LP 9)
»Organic« (10/96 D-LP 5)
»Across From Midnight« (9/97 D-LP 3)
»Joe Cocker – Greatest Hits« (11/98 D-LP 10)
»No Ordinary World« (10/99 D-LP 3)

DER TOP-10-HIT:
»Up Where We Belong« (8/82 US 1; 12/82 GB 7, D 6)

WEITERE HITS AUSSERHALB DER TOP 10:
»When The Night Comes«
»You Can Leave Your Hat On«
»Summer In The City«
»I Can Hear The River«
»Don't You Love Me Anymore«
»Shelter Me«
»One More Time«
»Night Calls«
»Unchain My Heart«
POP, RHYTHM & BLUES

COCK ROBIN
Peter Kingsberry v/key (★ 2.12.1952)
Anna LaCazio v/key (★ 28.1.1962)
Clive Wright g (★ 2.8.1953)
Lou Molino d (★ 6.9.1954)
Die 1982 in Los Angeles gegründete amerikanische Band um
»Workaholic« Peter Kingsberry hatte mit »When Your Heart Is Weak«

in Deutschland einen Top-10-Hit. Ab 1987 machten Peter und Anna alleine weiter. Kingsberry, der die Geschicke von Cock Robin bestimmte, begann Anfang der 90er Jahre eine Solokarriere.

DIE ERFOLGREICHSTEN ALBEN:
»Cock Robin« (11/85 D-LP 9)
»After Here Through Midland« (6/87 D-LP 5)

DIE TOP-10-HITS:
»When Your Heart Is Weak« (11/85 D8)
»The Promise You Made« (2/86 D 6)

WEITERE HITS AUSSERHALB DER TOP 10:
»Just Around The Corner« (1987)
»The Biggest Fool Of All (1987)«
»El Norte« (1987)
»After Here Through Midland«(1987)
»Thought You Were On My Side« (1987)
ROCK

COLE, NATALIE

★ 6. 2. 1950; † 31.12.2015. Die Tochter des großen Nat King Cole gewann 1975 einen Grammy als Best New Artist. Zwischen 1980 und 1985 verschwand sie von der Bildfläche. In Fachkreisen wurde gemunkelt, sie habe sich zu einer Entziehungskur zurückgezogen, um ihre Drogenabhängigkeit zu bekämpfen. Drei Jahre später war sie zurück und mit »Pink Cadillac« erneut erfolgreich. Für ihr Album »Unforgettable« räumte sie 1992 vier Grammys ab.

Anfang der 90er Jahre hatte Nathalie eine eigene Show im Fernsehen, spielte in der TV-Serie »I'll Fly Away« und trat im Film »Lily In Winter« auf.

DIE ERFOLGREICHSTEN ALBEN:
»Unforgettable: A Musical Tribute To Nat King Cole« (9/83 GB-LP 5)
»Good To Be Back« (5/89 GB-LP 10)
»Unforgettable With Love« (6/91 US-LP 5 – siebenfach Platin; 7/ 91 GB-LP 11)

DIE TOP-10-HITS:
»Pink Cadillac« (3/88 GB 5, US 5; 5/88 D 5)
»Miss You Like Crazy« (4/89 GB 2, US 7)
POP, SOUL, RHYTHM & BLUES

COLLINS, PHIL

★ 30.1.1951. Phil Collins bekam bereits als Kind seine erste Trommel geschenkt. Damit war sein beruflicher Weg geebnet. Er trat auf, wo er konnte, und besuchte nebenbei eine Schauspielschule.

Nachdem er mit wechselhaftem Erfolg in einigen Bands gespielt hatte, ergab sich für Phil die große Chance schlechthin.

Die Formation Genesis suchte einen Schlagzeuger. Phil Collins setzte sich gegen 14 Mitbewerber durch und erwies sich als absoluter Glücksgriff. Er war nicht nur ein sehr guter Schlagzeuger, sondern auch ein guter Songwriter. Außerdem sang er und entwickelte sich zum absoluten Showtalent.

Nachdem Peter Gabriel Genesis verlassen hatte, übernahm Phil Collins den Sangespart und überzeugte alle Kritiker und Zweifler restlos. 1981 startete er mit der LP »Face Value« seine Solokarriere.

Sie landete ebenso wie »No Jacket Required« vier Jahre später auf Platz 1 der britischen LP-Charts.

Für letztere LP staubte er zudem drei Grammys ab.

Legendär und Geschichte zugleich sind mittlerweile Phils Auftritte bei den Live-Aid-Konzerten in London und Philadelphia. Um bei beiden Konzerten dabeisein zu können, überquerte er den Atlantik mit einer Concorde.

Seine Solokarriere verläuft ebenso erfolgreich wie jene mit Genesis. Mehrfach wurde er zum besten Schlagzeuger gewählt.

1991 erhielt er den Ehrendoktortitel der Universität Boston.

Phil Collins gelingt es immer wieder, gesellschaftlich brisante Themen in ein populäres Gewand zu kleiden, wie etwa bei »Another Day In Paradise«.

Beeindruckend auch seine Aussage »Freiheit ist ein Grundrecht«, die er bei einem Auftritt auf der Berliner Waldbühne in bestem Deutsch tätigte.

1996 stieg er bei Genesis aus, um sich verstärkt Filmmusikprojekten und seiner Solokarriere widmen zu können. Sein Trommelsolo bei »In The Air Tonight«, seinem ersten Nr. 1-Hit in den Deutschen Charts, ist und bleibt eines der legendärsten der Musikgeschichte.

DIE ERFOLGREICHSTEN ALBEN:

»Face Value« (2/81 GB-LP 1; 3/81 US-LP 7, D-LP 2)
»Hello, I Must Be Going!« (11/82 GB-LP 2, US-LP 8, D-LP 6)
»No Jacket Required« (3/85 GB-LP 1, US-LP 1, D-LP 1)
– zwölffach Platin –
»... But Seriously« (12/89 GB-LP 1, US-LP 1, D-LP 1)
»Serious Hits ... Live!« (11/90 GB-LP 2, US-LP 11, D-LP 1)
»Both Sides« (11/93 GB-LP 1, US-LP 13, D-LP 1)
»Dance Into The Light« (10/96 D-LP 1; 11/96 GB-LP 4, US-LP 23)
»Phil Collins ... Hits« (10/98 GB-LP 1, D-LP 2)
»Soundtrack Tarzan« (5/99 D-LP 6; 6/99 US-LP 5)

DIE TOP-10-HITS:

»In The Air Tonight« (1/81 GB 2, D 1)
»You Can't Hurry Love« (11/82 US 10, GB 1; 1/83 D 3)
»Against All Odds« (2/84 US 1; 4/84 D 9, GB 2)
»Easy Lover« (11/84 US 2; 1/85 D 5; 3/85 GB 1)
»One More Night« (2/85 US 1; 4/85 GB 4, D 10)
»Sussudio« (5/85 US 1)

»Don't Lose My Number« (7/85 US 4)
»Separate Lives« (10/85 GB 4, US 1)
»Take Me Home« (3/86 US 7)
»In The Air Tonight Remix 1988« (6/88 GB 4; 8/88 D 4; 2/89 D 3)
»A Groovy Kind Of Love« (9/88 GB 1, US 1, D 3)
»Two Hearts« (11/88 D 3, GB 6, US 1)
»Another Day In Paradise« (11/89 GB 2, US 1, D 1)
»I Wish It Would Rain Down« (1/90 GB 7, US 3, D 8)
»Do You Remember« (4/90 US 4)
»Something Happened On The Way To Heaven« (8/90 US 4)
»Both Sides Of The Story« (10/93 GB 7)
»Dance Into The Light« (10/96 GB 9)

WEITERE HITS AUSSERHALB DER TOP 10:
»Everyday, Colours«
»That's Just The Way It Is«
»No Matter Who«
»Billy Don't Lose My Number«
»Big Noise«
ROCK, POP

COLLINS, SIMON

Ein Sohn eines weltberühmten Sängers und Drummers, wie es Phil
Collins nun mal ist, hat es meistens schwer. Simon Collins hingegen
legte mit »Pride« ein sehr schönes und gelungenes Stück Popmusik
vor. Das dazugehörige Album hieß »All Of Who You Are«.

DER HIT:
»Pride« (1999)

WEITERER SONG:
»Light Years Away«
POP

COMMODORES

William King syn/tr (★ 30.1.1949),
Ronald LaPread b/tr (★ 4.9.1946),
Thomas McClary g (★ 6.10.1949),
J. D. Nicholas v (★ 12.4.1952),
Walter Orange v/d (★ 10.12.1946),
Lionel Richie v/key (★ 20.6.1949),
Milan Williams g/key/d/pos (★ 28.3.1948).

Sechs der sieben Bandmitglieder gründeten während ihrer Studienzeit 1968 die Band Jays. Zunächst betrieben sie die Musik als Hobby, machten alle ihre Universitätsabschlüsse. Der Fankreis der Jays wurde größer, New York wurde auf sie aufmerksam. Nachdem sie bei der Plattenfirma Motown unterkamen, änderte sich der Gruppenname. Aus den Jays wurden die Commodores. Sie durften als Vorgruppe der Jackson 5 auftreten, was ihnen endgültig zum Durchbruch verhalf. Lionel Richie, der Leadsänger der Commodores, schrieb die meisten Hits. 1981 trennte er sich von der Band, um eine Solokarriere zu starten. Wer nun glaubte, dass dies das Ende der Commodores bedeutete, der musste sich eines Besseren belehren lassen. Verstärkt durch einen neuen Sänger schafften sie mit »Nightshift« erneut einen internationalen Hit.

DIE ERFOLGREICHSTEN ALBEN:
»Heroes« (6/80 US-LP 7)
»In The Pocket« (7/81 US-LP 13)
»Love Songs« (8/82 GB-LP 5)

DIE TOP-10-HITS:
»Lady« (6/81 US 8)
»Oh No« (9/81 US 4)
»Nightshift« (1/85 US 3, GB 3; 3/85 D 4)
POP, RHYTHM & BLUES, SOUL

COMMUNARDS

Richard Coles p (★ 23.6.1962),
Jimmy Somerville v (★ 22.6.1961).
Als Jimmy Somerville Anfang 1985 Bronski Beat verließ, gründete er zusammen mit dem Pianisten Coles die Communards. Mit zwei Coversongs gelang ihnen der Sprung in die britischen und deutschen Charts. Der schönste und intensivste Song »So Cold The Night« landete ebenfalls in den Top 10 der britischen Charts. Danach beschloss Somerville endgültig, alleine Karriere zu machen.

DIE ERFOLGREICHSTEN ALBEN:
»Communards« (8/86 GB-LP 7)
»Red« (10/87 GB-LP 4)

DIE TOP-10-HITS:
»Don't Leave Me This Way« (8/86 D 5, GB 1)
»So Cold The Night« (11/86 GB 8)
»Never Can Say Goodbye« (12/86 D 6; 11/87 GB 4)

HITS AUSSERHALLB DER TOP 10:
»You Are My World«
»Tomorrow«
»There's More To Love«
»For A Friend«
ELEKTRO-POP

CORNELIUS, PETER

★ 29.1.1951. Der ehemalige Bankkaufmann aus Wien gewann 1973 einen Talentwettbewerb des Österreichischen Rundfunks.
1980 erschien sein erstes Album »Der Kaffee ist fertig«, was in den Ohren der weiblichen Fans »unheimlich zärtlich« klang.
»Du entschuldige – i kenn di« war sein größter Hit, der sich in den Top 10 der deutschen Charts platzierte.

Ob er von der frühreifen Claudia von damals etwas später »Streicheleinheiten« bekam, weiß man nicht so genau.

Jedenfalls war das gleichnamige Album sein erfolgreichstes (5/83 D-LP 4).

DER TOP-10-HIT:
»Du entschuldige – i kenn di« (11/81 D 8)
SCHLAGER

CORNERSHOP
Ben Ayres g/key (★ 30. 4. 1968),
Peter Bengry per,
Anthony Saffery key,
Nick Simms d,
Avtar Singh v/b (★ 11. 5. 1965),
Tjinder Singh g (★ 8. 2. 1968).
Im Sommer 1997 brachten Cornershop mit »Brimful Of Asha« eine Hymne auf Single-Platten und eine indische Sängerin heraus. Da Asian Culture angesagt war und Cornershop mit der Vereinigung dreier Musikstile Vielseitigkeit bewiesen, schaffte es ihr Song im zweiten Anlauf auf Platz 1 der britischen Charts.

»Sleep On The Left Side« und »Good To Be On The Road Back Home Again«, zwei weitere Singles aus ihrer Erfolgs-LP »When I Was Born For The 7th Time«, gehörten ebenfalls zur Kategorie fein gemachter Songs.

DAS ERFOLGREICHSTE ALBUM:
»When I Was Born For The 7th Time« (9/97 GB-LP 17)

DER TOP-10-HIT:
»Brimful Of Asha« (2/98 GB 1)
POP, PUNK, BRITPOP

CORONA

Francesco Bontempi key (★ 23. 7. 1957)

Olga De Souza v (★ 16. 7. 1968)

Der Italiener Francesco Bontempi hatte 1985 bereits mit »Shanghai« einen Top-10-Hit in Deutschland gehabt.

Zusammen mit ihm gründete Olga De Souza das Duo Corona. »The Rhythm Of The Night« schaffte es sogar bis auf Platz 11 der US-Charts.

DIE TOP-10-HITS:

»The Rhythm Of The Night« (6/94 D 8; 9/94 GB 2)

»Baby Baby« (4/95 GB 5)

»Try Me Out« (7/95 GB 6)

DANCE

COSA ROSA

Die bildhübsche Berlinerin Rosa Precht hätte man für ihre wunderbare Musik gerne »Millionenmal« in seine Arme genommen. Männern unterstellte sie ein »Trübe-Tassen-Syndrom«.

Wie lange, wie lange ist es her, warum ist es vorbei, dass es schöne Musik von Cosa Rosa gab? Erstere Frage lässt sich mit 1985 beantworten, auf zweitere gibt es eine sehr traurige Antwort.

Rosa verstarb 1990 im Alter von nur 39 Jahren an einer Krebserkrankung.

WEITERER HIT:

»In meinen Armen«

COSSO, PIERRE

★ 24.9.1961. Nachdem er zusammen mit Bonnie Bianco 1987 einen Spitzenreiter in den deutschen Charts hatte (»Stay«) gelang dem in Algerien geborenen Cosso solo mit »Face Your Life« ein respektabler

Platz 7. Als Schauspieler hatte er auch im Rockmärchen »Cinderella« und in »La Boum – Die Fete« mitgewirkt.

DIE TOP-10-HITS:
»Stay« (3/87 D 1)
»Face Your Life« (4/87 D 7)
SOFT POP

CRANBERRIES
Mike Hogan b (★ 29.4.1973),
Noel Hogan v/g (★ 25.12.1971),
Feargal Lawler d (★ 4.3.1971),
Dolores O'Riordan v/g (★ 6.9.1971).
1990 begann die Band unter dem Namen The Cranberry Saw Us. Nachdem Dolores O'Riordan hinzugestoßen war, nannten sie sich Cranberries. Nachdem sich »Linger« in den Top 10 der US-Charts platziert hatte, wurden sie international erfolgreich. Ihre ersten beiden Alben verkauften sich insgesamt 9 Millionen mal.

DIE ERFOLGREICHSTEN ALBEN:
»Everybody Else Is Doing It, So Why Can't We«
(3/93 GB-LP 1; 7/93 US-LP 18)
»No Need To Argue« (10/94 GB-LP 2, US-LP 6; 11/94 D-LP 1)
»To The Faithful Departed« (5/96 GB-LP 2, D-LP 2, US-LP 4)
»Bury The Hatchet« (5/99 GB-LP 7, D-LP 1, US-LP 13)

DIE TOP-10-HITS:
»Linger« (10/93 US 8)
»Zombie« (11/94 D 1)

WEITERE HITS AUSSERHALB DER TOP 10:
»Ode To My Family« (1994) Free To Decide (1996) Promises (1999)
ROCK

CRAVEN, BEVERLY

★ 28.6.1963. Die Sängerin aus Sri Lanka wuchs auf dem Land auf, lernte bereits im zarten Kindesalter Klavierspielen. Des weiteren war sie eine sehr gute Schwimmerin, was eine Teilnahme an den englischen Meisterschaften nach sich zog. Mit 19 ging sie nach London und arbeitete als Kellnerin. Parallel dazu schrieb sie Songs. 1990 debütierte sie mit ihrem ersten Album. Alle Stücke darauf waren selbst verfasst. »Promise Me«, die ausgekoppelte Single, kam auf Platz 3 der britischen Charts. 1992 wurde Beverly als beste britische Newcomerin ausgezeichnet.

DIE ERFOLGREICHSTEN ALBEN:
»Beverly Craven« (3/91 GB-LP 3)
»Love Scenes« (10/93 GB-LP 4)

DER TOP-10-HIT:
»Promise Me« (4/91 GB 3)
ROCK, FOLK

CROSBY, STILLS & NASH

David Crosby v/g (★ 14.8.1941),
Graham Nash v/g (★ 2.2.1942),
Stephen Stills v/g/key/b (★ 3.1.1945).
1968 wurden Crosby, Stills & Nash in Kalifornien gegründet. Die Musiker kamen aus drei erfolgreichen Bands, den Byrds, Buffalo Springfield und den Hollies. Neil Young, der ebenfalls bei Buffalo Springfield gewesen war, stieß beim legendären Woodstock-Konzert im August 1969 zur Band hinzu.

In den 70er Jahren landeten sie mit »Just A Song Before I Go« einen Top-10-Hit in den USA.

1974 verließ Young die Gruppe wieder, so dass der Zusatz »And Young« hinter »Nash« im Bandname entfiel.

Ende der 80er Jahre versammelten sich die vier hochkarätigen

Musiker nochmals und veröffentlichten mit »American Dream« ein duftes Album.

Crosby, Stills, Nash & Young überzeugten durch starke Texte und gutes musikalisches Handwerk.

DIE ERFOLGREICHSTEN ALBEN:
»Daylight Again« (7/82 US-LP 8; 9/82 D-LP 31)
»American Dream« (12/88 US-LP 16)
»After The Storm« (1994)
»Looking Forward« (11/99 D-LP 10, US-LP 26)

DER TOP-10-HIT:
»Wasted On The Way« (6/82 US 9)

WEITERE HITS AUSSERHALB DER TOP 10:
»Chippin' Away, American Dream«
ROCK, FOLK, WEST COAST

CROSS, CHRISTOPHER

★ 3.5.1951. Mit »Sailing« zeigte der ehemalige amerikanische Hardrocker Christopher Cross, dass es auch softer geht, und erreichte eine Nr. 1 in den USA.

Der Nachfolgehit »Ride Like The Wind« kam wenig später auf den 2. Platz. 1980 gewann er fünf Grammys in den Kategorien bester neuer Künstler, Platte des Jahres, Album des Jahres, Song des Jahres und bestes Arrangement.

DIE ERFOLGREICHSTEN ALBEN:
»Christopher Cross« (2/80 US-LP 6; 2/81 GB-LP 14)
»Another Page« (2/83 US-LP 11, D-LP 2, GB-LP 4)
»Rendezvous«(1992)

DIE TOP-10-HITS:

»Ride Like The Wind« (2/80 US 2)
»Sailing« (6/80 US 1)
»Arthur's Theme« (8/81 US 1; 1/82 GB 7)
»Think Of Laura« (12/83 US 9)

WEST COAST, SOFT POP

CROW, SHERYL

★ 11.2.1962. Mit 30 Jahren brachte die Amerikanerin aus Missouri ihr Debütalbum auf den Musikmarkt. Die studierte Musiklehrerein war zuvor als Backgroundsängerin mit berühmten Stars wie Eric Clapton, Stevie Wonder, Michael Jackson und Don Henley unterwegs gewesen. Mit »All I Wanna Do« wurde sie weltbekannt. Bei der Grammy-Verleihung 1995 räumte sie drei der begehrten Trophäen ab. 1997 gewann sie nochmals zwei Grammys. Ihre Platten verkauften sich millionenfach. Für den James-Bond-Streifen »Tomorrow Never Dies« sang sie 1997 den Titelsong.

DIE ERFOLGREICHSTEN ALBEN:
»Tuesday Night Music Club« (2/94 GB-LP 8; 3/94 US-LP 3, D-LP 9)
»Sheryl Crow« (1996)
»The Globe Sessions« (10/98 GB-LP 2, D-LP 4)

DIE TOP-10-HITS:
»All I Wanna Do« (8/94 US 2; 9/94 D 10; 11/94 GB 4)
»Strong Enough« (12/94 US 5)
»If It Makes You Happy« (9/96 US 10, GB 9)
»A Change Would Do You Good« (7/97 GB 8)
»My Favourite Mistake« (9/98 GB 9)

WEITERE HITS AUSSERHALB DER TOP 10:
»Everyday's A Winding Road«
»Run Baby Run«
»There Goes The Neighborhood«

»Anything But Down«
»Sweet Child O' Mine«
ROCK

CROWDED HOUSE

Neil Finn v/g/p (★ 27.5.1958),
Nick Seymour b,
Paul Hester d,
Craig Hooper g,
Tim Finn v/key (* 25.6.1952).
»Don't Dream It's Over« war der größte Hit der 1985 gegründeten
Band, deren Mitglieder aus Australien und Neuseeland stammten.
Der Song stieg 1987 auf Platz 2 der britischen Charts. 1996 lösten
sich Crowded House wieder auf.

DIE ERFOLGREICHSTEN ALBEN:

»Crowded House« (8/86 US-LP 12)
»Woodface« (7/91 GB-LP 6)
»Recurring Dream« (7/96 GB-LP 1)

DIE TOP-10-HITS:

»Don't Dream It's Over« (1/87 US 2)
»Something So Strong« (5/87 US 7)
»Weather With You« (2/92 GB 7)

WEITERE HITS AUSSERHALB DER TOP 10:

»It's Only Natural«
»Distant Sun«
»Better Be Home«
»Four Seasons In One Day«
SOFT ROCK

CULTURE BEAT

Tania Evans v (★ 28.5.1967)
Jay Supreme key (★ 20.5.1965)
Kopf des Projektes war zweifelsohne der 1993 29-jährig tödlich verunglückte Torsten Fenslau. Tania aus Großbritannien und Jay aus den USA liehen Culture Beat ihre Stimmen.

Am Höhepunkt des Fenslau'schen Erfolges als Techno-Produzent, »Mr. Vain« und »Got To Get It« waren in die Charts geknallt, passierte leider der tödliche Unfall. Thorstens Bruder Frank trat die Nachfolge als Produzent an. Weitere Top-10-Hits folgten.

DIE TOP-10-HITS:

»Mr. Vain« (5/93 D 1; 8/93 GB 1)
»Got To Get It« (9/93 D 4; 11/93 GB 4)
»Anything« (12/93 GB 5, D 4)
»Inside Out« (10/95 D 5)
»Crying In The Rain« (3/96 D 8)

WEITERE HITS AUSSERHALB DER TOP 10:

»World In Your Hands«
»Der Erdbeermund«
TECHNO

CULTURE CLUB

Boy George v (★ 14.6.1961),
Michael Craig b (★ 15.2.1960),
Roy Hay g/key (★ 12.8.1961),
Jon Moss d (★ 11.9.1957).
Der Culture Club wurde 1981 in London gegründet. Boy George war der Kopf der Band. Nach einigen Flops kam »Do You Really Want To Hurt Me« auf den Musikmarkt. Damit schaffte der Culture Club seinen Durchbruch. Anfang 1987 entschied sich Boy George, nur noch solo zu arbeiten.

DIE ERFOLGREICHSTEN ALBEN:

»Kissing To Be Clever« (10/82 GB-LP 5; 12/82 D-LP 8; 1/83 US-LP 14)
»Colour By Numbers« (10/83 GB-LP 1, D-LP 6; 11/83 US-LP 2 – vierfach Platin-)
»Waking Up With The House On Fire« (11/84 GB-LP 2, US-LP 26, D-LP 22)
»From Luxury To Heartache« (4/86 GB-LP 10, US-LP 32)
»This Time« (4/87 GB-LP 8)
»Greatest Moments« (11/98 GB-LP 21)

DIE TOP-10-HITS:

»Do You Really Want To Hurt Me« (9/82 GB 1; 11/82 D 1, US 2)
»Time« (11/82 GB 3; 4/83 US 2)
»Church Of The Poison Mind« (4/83 GB 2; 10/83 US 10)
»I'll Tumble 4 Ya« (7/83 US 9)
»Karma Chameleon« (9/83 D 2, GB 1; 12/83 US 1)
»Victims« (12/83 GB 3)
»It's A Miracle« (3/84 GB 4)
»Miss Me Blind« (3/84 US 5)
»The War Song« (10/84 GB 2)
»Move Away« (3/86 GB 7)
»I Just Wanna Be Loved« (10/98 GB 4)

HIT AUSSERHALB DER TOP 10:

»Love Is Love«
NEW ROMANTIC, POP

CURE

Robert Smith v/g (★ 21.4.1959),
Laurence Tolhurst d (★ 3.2.1959),
Michael Dempsey b,
Porl Thompson g (★ 8.11.1957),
Boris Bransby Williams d (* 24.4.1958),

Simon Gallup b (★ 1.6.1960),
Mathieu Hartley key,
Phil Thornalley b,
Peter O'Toole v.
1976 begann diese Gruppe als Easy Cure. Ein bunter Haufen von
Schulabgängern hatte sich zusammengefunden. Nachdem es un-
zählige Querelen gegeben hatte, Verlust der Plattenfirma, Raus-
schmiss eines Bandmitglieds, Umbesetzungen ..., schafften sie 1983
mit ihren schnurrig-süßen »Love Cats« den Durchbruch. Zunächst
beschränkte sich der Erfolg von The Cure auf Großbritannien, später
kamen die USA und Deutschland hinzu.
1991 wurde die Band zur besten britischen Gruppe gewählt.

DIE ERFOLGREICHSTEN ALBEN:
»Pornography« (5/82 GB-LP 8)
»The Top« (5/84 GB-LP 10)
»The Head On The Door« (9/85 GB-LP 7)
»Standing On A Beach – The Singles« (5/86 GB-LP 4; 6/86 US-LP 48)
»Kiss Me, Kiss Me , Kiss Me« (6/87 GB-LP 6, US-LP 35, D-LP 4)
»Disintegration« (5/89 GB-LP 3, US-LP 12, D-LP 2)
»Mixed Up« (11/90 GB-LP 8, US-LP 14)
»Entreat« (4/91 GB-LP 10)
»Wish« (5/92 GB-LP 1, US-LP 2, D-LP 6)
»Wild Mood Swings« (5/96 GB-LP 9, US-LP12)

DIE TOP-10-HITS:
»The Love Cats« (10/83 GB 7)
»Lullaby«(4/89 GB 5; 5/89 D 3)
»Love Song« (8/89 US 2)
»High« (3/92 GB 8)
»Friday I'm In Love« (5/92 GB 6)

WEITERE HITS AUSSERHALB DER TOP 10:
»In Between Days« (1985)

»Boys Don't Cry« (1986)
»Never Enough«
»Hot, Hot, Hot«
»Pictures Of You«
»Why Can't I Be You«
»Close To You«
»Pill Box Tales«
»A Forest«
POP, ROCK, TECHNO

CURIOSITY KILLED THE CAT
Ben Volpeliere-Pierrot v (★ 19.5.1964),
Julian Godfrey-Brookhouse g (★ 13.5.1963),
Nicholas Bernard Throp b (★ 25.10.1964),
Miguel John Drummond d (★ 27.1.1964).
Die britische Band fand sich 1984 zusammen, und erregte 1986 als
Vorgruppe von Alison Moyet erstmals national Aufsehen.

Mit »Down To Earth« und »Misfit« hatten sie zwei Top-
10-Hits in Großbritannien. Ob mit oder ohne Throp, ob als
Curiosity Killed The Cat oder als Curiosity, ohne Zusatz, die
Briten machten einfach gute Popmusik. »Hang On In There
Baby«, ohne Throp, als Curiosity, wurde noch ein Top-10-Hit,
bevor »Name And Number«(1989) nicht mehr so erfolgreich
war.

DAS ERFOLGREICHSTE ALBUM:
»Keep Your Distance« (5/87 GB-LP 1)

DIE TOP-10-HITS:
»Down To Earth« (12/86 GB 3)
»Misfit« (6/87 GB 7)
»Hang On In There Baby« (4/92 GB 3)
POP

CUTTING CREW

Nick van Eede v/g (★ 14.6.1958),
Kevin Scott MacMichael g (★ 7.11.1951),
Colin Farley b/v (★ 24.2.1959),
Martin Beadle d (★ 18.9.1961).

Das englisch-kanadische Quartett, 1986 gegründet, erreichte mit
»(I Just) Died In Your Arms« Platz 1 in den USA sowie Platz 4 in
Deutschland und in Großbritannien.

»I've Been In Love Before« war 1987 der letzte Top-10-Hit in
den USA.

DIE ERFOLGREICHSTEN ALBEN:

»Broadcast« (11/86 GB-LP 41; 12/86 D-LP 49; 3/87 US-LP 16)
»Compus Mentus« (1992)

DIE TOP-10-HITS:

»(I Just) Died In Your Arms« (8/86 D 4, GB 4; 3/87 US 1)
»I've Been In Love Before« (9/87 US 9)

WEITERE HITS AUSSERHALB DER TOP 10:

»Any Colour« (1986)
»One For The Mocking-Bird« (1986)
POP, ROCK

D., THOMAS

★ 30.12.1968. Thomas wurde als Hip-Hopper des Stuttgarter
Quartetts Die Fantastischen Vier bekannt. Im Herbst 1992 hatten
sie mit »Die da« einen ersten großen Hit. Da Thomas ein sehr viel-
seitiger Künstler ist, probierte er sich auch als Solist. Mit Erfolg.
Im Herbst 1997 enterte seine Single »Rückenwind« die Deutschen
Charts. 1998 folgten zwei Projekte zusammen mit Nina Hagen
(»Solo«) und Franka Potente (»Wish (Komm zu mir«)).
RAP

DALTREY, ROGER

★ 1.3.1944. Der Sänger der legendären Briten The Who hatte bereits in den 70er Jahren auch als Solist Erfolg. Mit »Giving It All Away« gelang ihm ein Top-10-Hit in Großbritannien. Neben seinem Beruf als Sänger spielte er in Kinofilmen wie »Tommy«, »Lisztomania« oder »The Legacy« mit. In den 80ern hatte er mit »After The Fire« und »Under A Raging Moon« zwei beachtliche Songs anzubieten.
ROCK

DAMIAN, MICHAEL

★ 6.4.1962.
»Rock On«, eine Coverversion des David-Essex-Hits, erreichte 1989 in den USA die Nr. 1 der Charts. Danach wurde es musikalisch still um Damian. Comeback nicht ausgeschlossen. In der amerikanischen Fernsehserie »The Young And The Restless«, einer Daily Soap, bewies er auch sein schauspielerisches Talent.

DER TOP-10-HIT:
»Rock On« (3/89 US 1)
POP

DAMNED

Captain Sensible b (★ 23.4.1955),
Rat Scabies d (★ 30.7.1957),
Brian James g,
David Vanian v,
Lu Edmunds g,
Alistair Ward b,
Bryn Merrick b,
Roman Jugg g,
Paul Gray b.
Eine nahezu unerkennbare Coverversion des Barry Ryan-Titels

»Eloise« bescherte der 1976 gegründeten Punkband »Damned« 1986 einen Nr. 1-Hit in den USA. »Is It A Dream« war ein weiterer bekannter Song der Gruppe. Weitere größere Erfolge blieben aus.

DIE ERFOLGREICHSTEN ALBEN:
»Strawberries« (10/82 GB-LP 15)
»Phantasmagoria« (7/85 GB-LP 11)

DER TOP-10-HIT:
»Eloise« (2/86 GB 3)
PUNK

DANCE 2 TRANCE
Jam El Mar dj (★ 3.12.1963),
Dag Lerner dj.
Das deutsche Techno-Projekt ist durch den Hessischen DJ Dag Lerner entstanden. Er legte in Frankfurts bekanntester Disco »Dorian Gray« auf. 1990 tat er sich mit Jam El Mar zusammen, ebenfalls ein DJ. Sie gründeten »Dance 2 Trance«. Ende 1992 erschien die Debüt-CD »Moon Spirits«. In allen Discos Deutschlands wurde auf die »Power Of American Natives« getanzt.

DAS ERFOLGREICHSTE ALBUM:
»Moon Spirits«

DER TOP-10-HIT:
»Power Of American Natives« (2/93 D 9)
DANCE, TECHNO, TRANCE

D'Arby, Terence Trent

★ 15.3.1962. Der Amerikaner kam als Soldat nach Deutschland. 1987 ging er nach London und wurde Popstar. Seine Hits erreichten die Top 10, »Wishing Well« in den USA sogar Platz 1.

Die erfolgreichsten Alben:
»Introducing The Hardline According To Terence Trent D'Arby« (7/87 GB-LP 1, D-LP 4; 10/87 US-LP 4)
»Neither Fish Nor Flash« (11/89 GB-LP 12)
»Symphony Or Damn« (5/93 GB-LP 4)
»Vibrator« (4/95 GB-LP 11)

Die Top-10-Hits:
»If You Let Me Stay« (3/87 GB 7)
»Wishing Well« (6/87« GB 4; 1/88 US 1)
»Sign Your Name« (1/88 D 7, GB 2; 7/88 US 4)
Soft Soul

Dario G.

Scott Rosser dj,
Paul Stephen Spencer dj,
Paul Spencer key/dj,
Ingfried Starumstoyl v.

Paul Spencer und Scott Rosser hatten sich in einem Kurs über Popmusik kennen gelernt. Nach Abschluss ihres Studiums richteten sie sich ein Studio ein und begannen zu arbeiten. Stephen Spencer, ein Mann des Musikvertriebs, stieß zur Band. Mit »Synchyme«, einem an »Life In A Northern Town« der Dream Academy angelehnten Stück Popmusik, landeten die Briten ihren größten Hit. Das ZDF machte »Carneval De Paris« zum Titelthema der Fußball-WM-Übertragung 1998.

DIE TOP-10-HITS:
»Sunchyme« (9/97 GB 2; 10/97 D 3)
»Carneval De Paris« (6/98 GB 5, D 2)
DANCE, POP

DAVID, F. R.
★ 1.1.1947 in Tunesien. »Words« war 1982 ein weltweiter Hit. Auf jeder Fete in den 80ern wurde auf diese Schmusenummer Stehblues getanzt. In Frankreich und Deutschland kletterte der Song jeweils auf Platz 1 der Charts. Mit »Pick Up The Phone« gab F.R. David Tipps, was zu tun ist, wenn die »Words« dann doch aus dem Mund gekommen sind.

DAS ERFOLGREICHSTE ALBUM:
»Words« (11/82 D-LP 13)

DER TOP-10-HIT:
»Words« (8/82 D 1; 4/83 GB 2)
ONE HIT WONDER

DAYNE, TAYLOR
★ 7.3.1962. Die Amerikanerin hatte während ihrer High-School-Zeit Gesangs- und Tanzunterricht genommen.

Zunächst spielte sie jedoch in einer Heavy-Metal bzw. New-Wave-Band. Mit »Tell It To My Heart« gelang ihr der Durchbruch. Insgesamt sieben Top-10-Hits folgten. Nach dreijähriger Pause kehrte sie 1993 mit der CD »Soul Dancing« zurück.

DIE ERFOLGREICHSTEN ALBEN:
»Tell It To My Heart« (1/88 US-LP 21; 3/88 GB-LP 24)
»Can't Fight Fate« (11/89 US-LP 25)

DIE TOP-10-HITS:
»Tell It To My Heart« (10/87 US 7; 1/88 D 1, GB 3)
»Prove Your Love« (2/88 GB 8, US 7; 4/88 D 4)
»I'll Always Love You« (6/88 US 3)
»Don't Rush Me« (11/88 US 2)
»With Every Beat Of My Heart« (10/89 US 5)
»Love Will Lead You Back« (1/90 US 1)
»I'll Be Your Shelter« (7/90 US 4)

HIT AUSSERHALB DER TOP 10:
»Can't Get Enough Of Your Love«
DANCE, POP, RHYTHM&SOUL

DEACON BLUE
Graeme Kelling g (★ 4.4.1957),
Lorraine McIntosh v (★ 13.5.1964),
James Prime key (★ 3.11.1960),
Ricky Ross v (★ 22.1.1957),
Ewen Vernal b (★ 27.2.1964),
Dougie Vipond d (★ 15.10.1960).
Ricky Ross gründete 1985 Deacon Blue. Der Gruppenname geht zurück auf einen Song aus einer LP von Steely Dan. 1986 erhielten sie ihren ersten Plattenvertrag. Ein Jahr später kam mit »Dignity« die erste Single auf den Musikmarkt.

Sie platzierte sich zunächst nicht in den Hitparaden. Eine Neuabmischung sorgte dafür, dass der Song doch die Top 40 der britischen Charts enterte.

Zwischen 1988 und 1991 landeten drei Songs der Briten in den Top 10 in Großbritannien.

1994 beschlossen die Bandmitglieder, getrennte Wege zu gehen. Fünf Jahre später kam die Formation wieder zusammen und tourte durch Großbritannien.

DIE ERFOLGREICHSTEN ALBEN:
»When The World Knows Your Name« (4/89 GB-LP 1)
»Ooh Las Vegas« (9/90 GB-LP 3)
»Fellow Hoodlums« (6/91 GB-LP 2)
»Whatever You Say, Say Nothing« (3/93 GB-LP 4)
»Our Town – Greatest Hits « (4/94 GB-LP 1)

DIE TOP-10-HITS:
»Real Gone Kid« (10/88 GB 8)
»Four Bacharach & David Songs« (8/90 GB 2)
»Twist And Shout« (7/91 GB 10)
POP

DEAD OR ALIVE
Pete Burns v (★ 5.8.1959 † 23.10.2016),
Martin Healey key,
Sue James b,
Joe Musker d,
Timothy Lever key,
Mike Percy b,
Steve McCoy d.
Der Liverpooler Pete Burns, der Mann mit den außergewöhnlichen Frisuren, ist Kopf von Dead Or Alive.

Die Band wurde 1981 gegründet. Markenzeichen war zunächst die Tatsache, dass es Umbesetzungen noch und nöcher gab, bevor 1984 die erste LP »Sophisticated Boom Boom«, eine Mischung aus Disco und Punk, auf den Markt kam. Der große Durchbruch gelang, als sich das Erfolgsproduzententrio Stock/Aitken/Waterman um die Jungs kümmerte.

Ende 1984 glückte ihnen mit »You Spin Me Round (Like A Record)« eine Nr. 1 in den britischen Singlecharts.

Bis 1989 erschienen weitere Singles, wie etwa »Lover Come Back To Me«, die nicht mehr in den Top 10 erschienen.

Pete Burns, die einzige verlässliche Größe bei Dead or Alive, blieb populär, vor allem in Japan. Dort veröffentlichte er 1995 die Platte »Nukleopatra«, die eine sechsstellige Verkaufszahl erreichte.

DAS ERFOLGREICHSTE ALBUM:
»Youthquake« (5/85 GB-LP 9; 6/85 D-LP 24; 7/85 US-LP 31)

DER TOP-10-HIT:
»You Spin Me Round« (Like A Record) (12/84 GB 1; 3/85 D 2)
POP, DANCE

DE ANGELO, NINO
★ 18.12.1963.

In Karlsruhe als Domenico Gerhard Gorgolione. Der Sohn italienischer Gastarbeiter wurde von Drafi Deutscher entdeckt und produziert. 1983 landete er mit »Jenseits von Eden« einen Sommerhit. Diesen Erfolg konnte er trotz einiger schöner Songs wie »Atemlos« und »Samurai« (4/89 D 11) nicht mehr wiederholen. Mit »Flieger«, mitgeschrieben von Dieter Bohlen, nahm er für Deutschland am Grand-Prix in Lausanne teil. Nach einer Krebsoperation 1996 und längerer Pause kehrte er ins Musikgeschäft zurück.

DIE ERFOLGREICHSTEN ALBEN:
»Junges Blut« (1/84 D-LP 10)
»Jenseits von Eden« (1/84 D-LP 2)

DER TOP-10-HIT:
»Jenseits von Eden« (11/83 D 1)

WEITERE HITS:
»Und ein Engel fliegt« (1982)
»Ich sterbe nicht nochmal« (1983)
SCHLAGER, GRAND PRIX

DEAN, HAZELL

★ 27.10.1956. Die Britin veröffentlichte im Frühjahr 1984 ihre erste Platte.»Searchin«stieg auf Anhieb in die Top 10 der britischen Charts ein. Der Nachfolgehit»Whatever I Do (Wherever I Go)« wurde von Stock/Aitken/Waterman produziert und erreichte ebenfalls die Top 10 in GB.»Who's Leaving Who«, ihr wohl bekanntester Song, wurde wiederum ein Top-10-Hit in Großbritannien. 1991 trennte sich Hazell vom Produzententeam Stock/Aitken/Waterman und gründete ihre eigene Plattenfirma. Eigene Erfolge gingen daraus nicht mehr hervor.

DIE TOP-10-HITS:
»Searchin' (I Gotta Find A Man)« (4/84 GB 6)
»Whatever You Do (Wherever I Go)« (7/84 GB 4)
»Who's Leaving Who« (4/88 GB 4)
POP, DANCE

DE BURGH, CHRIS

★ 15.10.1948. Seine Kindheit verbrachte der Ire aufgrund der Diplomatentätigkeit seines Vaters an unterschiedlichen Orten wie Argentinien, Malta oder Nigeria. Als Chris de Burgh 1986 das Album »Into The Light« veröffentlichte, war er vielen Musikfans kein Begriff, obwohl Songs wie»The Getaway«,»Don't Pay The Ferryman« oder»High On Emotion« bereits vorher erschienen waren und speziell in Deutschland gerne gehört wurden.

»The Lady In Red« machte ihn einem breiteren Publikum bekannt. Chris hatte Romanistik und Anglistik studiert, bevor er sich als Profimusiker auf seinen Weg machte. Obwohl er zu Beginn seiner Karriere viele Misserfolge zu verkraften hatte, gab er nie auf. Seine menschlichen Qualitäten und seine Liebenswürdigkeit litten nicht unter den erschwerten Bedingungen, denen sich Chris ausgesetzt sah. Insider wussten, dass sich seine Songs eines Tages auch beim Publikum etablieren würden. Ab 1986 war er dauerhaft erfolgreich. Seine Musik gefiel Menschen unterschiedlicher Altersgruppen, war generationenübergreifend. Chris de Burgh veränderte sich dadurch nicht. Er blieb der sympathische bescheidene Künstler, der er immer gewesen war. Sein deutsches Publikum war ihm stets treu.

DIE ERFOLGREICHSTEN ALBEN:

»Best Moves« (2/82 D-LP 4)
»The Getaway« (10/82 D-LP 1, GB-LP 30)
»Man On The Line« (5/84 D-LP 1, GB-LP 11)
»The Very Best Of Chris de Burgh« (12/84 GB-LP 6)
»Into The Light« (6/86 D-LP 2, GB-LP 2; 9/86 US-LP 25)
»Flying Colours« (10/88 GB-LP 1, D-LP 2)
»From A Spark To A Flame – The Very Best Of Chris de Burgh« (10/89 D-LP 2; 11/89 GB-LP 4)
»High On Emotion Live From Dublin« (9/90 GB-LP 15, D-LP 8)
»Power Of Ten« (5/92 GB-LP 3, D-LP 1)
»This Way Up« (5/94 GB-LP 5, D-LP 4)
»The Love Songs« (10/97 GB-LP 10)
»Quiet Revolution« (10/99 D-LP 6)

DIE TOP-10-HITS:

»The Lady In Red« (7/86 GB 1; 9/86 D 5; 2/87 US 3)
»Missing You« (10/88 GB 3)

WEITERE HITS AUSSERHALB DER TOP 10:

»The Getaway« (1982)
»Don't Pay The Ferryman« (1983)
»High On Emotion (1984)
»The Silent World« (1994)
»Blonde Hair, Blue Jeans« (1994)
»The Snow Of New York« (1994)
»This Is Love«
»This Waiting Heart«

»Sailing Away«
»Borderline«
»Ship To Shore«
»Tender Hands«
Where Peaceful Waters Flow«
»By My Side«
Soft Rock, Pop

Deep Blue Something

Clay Bergus v/g,
John Kirtland d,
Todd Pipes,
Toby Pipes g/b.
Der Band aus Texas gelang mit »Breakfast At Tiffany's« der Durchbruch. Der Song landete jeweils in den Top 10 in Großbritannien, den USA und in Deutschland. Der Nachfolgehit »Josey« (12/96 GB 27) schaffte es nicht mehr unter die Top 10.

Das erfolgreichste Album:

»Home« (9/95 US-LP 46; 10/96 GB-LP 9)

Der Top-10-Hit:

»Breakfast At Tiffany's« (8/95 US 5; 4/96 D 6; 9/96 GB 1)

Weitere Hits ausserhalb der Top 10:

»Halo« (1995)
»Home« (1995)
Rock, Pop

DEEP FOREST

Den Herren Sanchez, Mouquet, Zempe und Aron gelang es, eine universale Sprache zu schaffen. Zu hören waren Eingeborenenstämme aus Afrika, deren Gesänge gesampelt und in Belgien mit tanzbarer Musik unterlegt wurden.

»Sweet Lullaby« schaffte den Sprung in die Top 10 der britischen Charts.

Nach einigen weiteren Hits wie »Deep Forest« (5/94 GB 20) oder »Savanna Dance« (7/94 GB 28) die den Erfolg von »Sweet Lullaby« nicht wiederholen konnten, arbeiteten Mouquet und Sanchez als Produzenten für Youssou N'Dour.

DIE ERFOLGREICHSTEN ALBEN:
»Deep Forest« (2/94 GB-LP 15)
»Boheme« (6/95 GB-LP 12)

DER TOP-10-HIT:
»Sweet Lullaby« (2/94 GB 10)
WORLD MUSIC, INSTRUMENTAL

DEF LEPPARD

Joe Elliott v (★ 1.8.1959),
Pete Willis g (★ 16.2.1960),
Steve Clark g (★ 23.4.1960, †. 8.1.1991),
Rick Savage b (★ 2.12.1960)
Tony Kenning d, Rick Allen d (★ 1.11.1963)
Phil Collen g (★ 8.12.1957)
Elliott und Savage spielten 1977 in einer Heavy-Metal-Band. Der Name der Band wurde in Def Leppard umgewandelt.

Die erste Platte, eine EP mit drei Titeln, erschien in einer Auflage von 1000 Stück. Nach einer Umbesetzung, Collen für Willis, gewannen sie 1984 etliche Music Awards.

Am letzten Tag desselben Jahres hatte Schlagzeuger Rick Allen einen sehr schweren Autounfall, bei dem er seinen linken Arm verlor. Im April 1985 kehrte der tapfere Allen zur Band zurück. Eine spezielle Technik ermöglichte es ihm, weiterhin Schlagzeuger von Def Leppard zu sein. Der große Durchbruch kam 1987 mit dem Album »Hysteria«, das sich weltweit 18 Millionen Mal verkaufte. 1991 starb Steve Clark nach einer durchzechten Nacht auf tragische Art und Weise. Vivian Campbell wurde als Ersatz für Steve verpflichtet. Die Band arbeitete trotz der Rückschläge konsequent weiter und war stets erfolgreich.

DIE ERFOLGREICHSTEN ALBEN:

»On Through The Night« (3/80 GB-LP 15; 5/80 US-LP 51)
»High'n' Dry« (7/81 GB-LP 26; 8/81 US-LP 38)
»Pyromania« (2/83 US-LP 2; 3/83 GB-LP 18)
»Hysteria« (8/87 US-LP 1, GB-LP 1, D-LP 10 – weltweiter Verkauf Ende 1997: 18 Millionen)
»Adrenalize« (4/92 US 1, GB-LP 1, D-LP 8)
»Retro Active« (10/93 US-LP 9, GB-LP 6)
»Vault: Greatest Hits 1980-1995« (11/95 US-LP 15, GB-LP 3)
»Slang« (5/96 GB-LP 5; 6/96 US-LP 14)
»Euphoria« (6/99 GB-LP 11)

DIE TOP-10-HITS:

»Animal« (8/87 GB 6)
»Hysteria« (1/88 US 10)
»Pour Some Sugar On Me« (4/88 US 2)
»Love Bites« (8/88 US 1)
»Armageddon It« (11/88 US 3)
»Let's Get Rocked« (3/92 GB 2)
»When Love And Hate Collide« (10/95 GB 2)

»Have You Ever Needed Someone To Love«
»Two Steps Behind«
»Woman«
»Make Love Like A Man«
»Too Late«
»Gods Of War«
HEAVY METAL

DEL AMITRI

Andy Alston key,
David Cummings g,
Justin Currie v/b (★ 11.12.1964),
Iain Harvie g (★ 19.5.1962),
Brian McDermott d,
Bryan Tolland g,
Paul Tyagi d.
Die britische Band wurde 1983 gegründet. Um Currie und Harvie herum wechselten die Musiker ständig. Del Amitri verstanden es, Folk und Rock auf gelungene Art und Weise zu mischen.

DIE ERFOLGREICHSTEN ALBEN:

»Waking Hours« (2/90 GB-LP 6)
»Change Everything« (6/92 GB-LP 2)
»Twisted« (3/95 GB-LP 3)
»Some Other Sucker's Paradise« (7/97 GB-LP 6)
»Hatful Of Rain – The Best Of« (9/98 GB-LP 5)

DER TOP-10-HIT:

»Roll To Me« (7/95 US 10)

WEITERE HITS AUSSERHALB DER TOP 10:

»Nothing Ever Happens« (1/90 GB 11)

»Move Away Jimmy Blue« (6/90 GB 36)
»Spit In The Rain« (11/90 GB 21)
»Always The Last To Know« (5/92 GB 13; 8/92 US 30)
»Be My Downfall« (7/92 GB 30)
»Just Like A Man« (9/92 GB 25)
»When You Were Young« (1/93 GB 20)
»Here And Now« (2/95 GB 21)
»Driving With The Brakes On« (4/95 GB 18)
»Roll To Me« (7/95 GB 22)
»Tell Her This« (10/95 GB 32)
»Not Where It's At« (6/97 GB 21)
»Don't Come Home Too Soon« (6/98 GB 15)
»Cry To Be Found« (9/98 GB 40)
ROCK, FOLK

DE LA SOUL

Posdnuos (★ 17.8.1969)
Trogoy The Dove (★ 21.9.1958)
Pasemaster Mase (★ 24.3.1970)
Die Psychedelic Rapper aus den USA bezeichneten sich selbst gerne als vielfältig. In Wahrheit bedienten sie sich regelmäßig bereits existierender Musik, wofür sie sich wenigstens artig bedankten. Obwohl ihr erster Song »Me Myself And I« lediglich die Top 40 der US-Charts enterte, wurde er ein Millionseller.

Des weiteren hörenswert waren auch Songs wie »A Roller Skating Jam Called Saturday« und »Keeping The Faith«.

DIE ERFOLGREICHSTEN ALBEN:

»De La Soul Is Dead« (5/91 GB-LP 7; 6/91 US-LP 26)
»Buhloone Mindstate« (1993)
»Stakes Is High« (1996)

DIE TOP-10-HITS:
»The Magic Number/Buddy« (12/89 GB 7)
»Ring Ring Ring (Ha Ha Hey)« (4/91 D 8, GB 10)
RAP, PSYCHEDELIC

DENNIS, CATHY

★ 25.3.1969. Die 14-jährige Cathy stieg 1983 in die Alan Dennis Band ein, die ihr Vater leitete. Sie kam nach London und erhielt mit 18 ihren ersten Plattenvertrag. Bereits ihre Debütsingle »Just Another Dream« schaffte den Sprung in die Top 10 der britischen Charts. Cathy bewies ihr Multitalent, indem sie sich neben dem Gesang auch als Autorin und Produzentin hervortat. »Touch Me« und »Too Many Walls«, vielleicht ihr schönster Song, kamen in die Top 10 der US-Charts. Ende der 90er Jahre hatte Cathy Dennis als Coautorin für die Formation » S-Club-7« Erfolg.

DIE ERFOLGREICHSTEN ALBEN:
»Move To This« (8/91 GB-LP 3)
»Into The Skyline« (1/93 GB-LP 8)

DIE TOP-10-HITS:
»Just Another Dream« (10/90 US 9)
»Touch Me« (3/91 US 2; 5/91 GB 5)
»Too Many Walls« (7/91 US 8)

WEITERE HITS AUSSERHALB DER TOP 10:
»Everybody Move« (12/91 GB 25, US 90)
»You Lied To Me« (8/92 GB 34, US 32)
»Irresistible« (11/92 GB 24, US 61)
»Falling« (2/93 GB 23)
»West End Pad« (8/96 GB 25)
»Waterloo Sunset« (3/97 GB 11)
POP, DANCE

DEPECHE MODE

Dave Gahan v (★ 9.5.1962),
Martin Gore syn (★ 23.7.1961),
Andy Fletcher syn (★ 8.7.1960),
Vince Clarke syn (★ 3.7.1960),
Alan Wilder syn (★ 1.6.1959).

1980 gründeten in Großbritannien Vince Clarke, Martin Gore und Andy Fletcher das Trio Composition Of Sound. Da Clarke merkte, dass er kein guter Sänger war, holte er Dave Gahan hinzu. Dieser wurde in einem französischen Modemagazin des Bandnamens fündig. Depeche Mode verschickten etliche Demobänder, erhielten jedoch keine Antwort. Ein kleines Musiklabel machte schließlich mit ihnen einen Vertrag.

1981 erschien ihre Debütsingle »Dreaming Of Me«, die nicht in die Charts kam. Ende des Jahres verließ Clarke die Band, um zusammen mit Alison Moyet das Projekt Yazoo zu bilden.

Ihn ersetzte Alan Wilder. Martin Gore übernahm die Aufgabe des Songwriters, den bis dahin Vince Clarke innehatte. Am meisten Fans vereinen Depeche Mode in Deutschland für sich.

Eine lange ausgedehnte Welttournee zum Album »Songs Of Faith And Devotion« endete im Chaos. Gore erlitt eine Herzattacke, Fletcher einen Nervenzusammenbruch und Gahan nahm Drogen. Nach einer Entziehungskur war Dave Ende 1996 wieder völlig clean.

Depeche Mode veröffentlichten wieder Platten, gingen wieder auf Tournee, waren wieder erfolgreich.

DIE ERFOLGREICHSTEN ALBEN:

»Speak And Spell« (11/81 GB-LP 10)
»A Broken Frame« (10/82 GB-LP 8)
»Construction Time Again« (9/83 GB-LP 6, D-LP 7)
»Some Great Reward« (9/84 GB-LP 5; 10/84 D-LP 3; 1/85 US-LP 51)
»The Singles 81-85« (10/85 GB-LP 6; 4/85 D-LP 9)
»Black Celebration« (3/86 GB-LP 4, D-LP 2)

»Music For The Masses« (10/87 GB-LP 10, D-LP 2,US-LP 35)
»101« (3/89 GB-LP 5, D-LP 3)
»Violator« (3/90 GB-LP 2; 4/90 US-LP 7, D-LP 2)
»Songs Of Faith And Devotion« (4/93 GB-LP 1, US-LP 1, D-LP 1)
»Ultra« (4/97 GB-LP 1, D-LP 1; 5/97 US-LP 5)
»The Singles 86-98« (10/98 GB-LP 5, D-LP 1, US-LP 38)

DIE TOP-10-HITS:

»Just Can't Get Enough« (9/81 GB 8)
»See You« (2/82 GB 6)
»Everything Counts« (7/83 GB 6)
»People Are People« (3/84 GB 4, D 1)
»Master And Servant« (9/84 GB 9, D 2)
»Shake The Disease« (5/85 D 4)
»It's Called A Heart« (9/85 D 8)
»Stripped« (3/86 D 4)
»A Question Of Lust« (5/86 D 8)
»A Question Of Time« (8/86 D 4)
»Strange Love« (5/87 D 2)
»Never Let Me Down Again« (9/87 D 2)
»Behind The Wheel« (1/88 D 6)
»Personal Jesus« (9/89 D 5)
»Enjoy The Silence« (2/90 D 2, GB 6; 4/90 US 8)
»Policy Of Truth« (5/90 D 7)
»World In My Eyes« (10/90 D 7)
»I Feel You« (2/93 GB 8, D 4)
»Condemnation« (9/93 GB 9)
»In Your Room« (1/94 GB 8)
»Barrel Of A Gun« (2/97 D 3, GB 4)
»It's No Good« (4/97 D 5, GB 5)
»Only When I Lose Myself« (9/98 D 2)

WEITERE HITS AUSSERHALB DER TOP 10:
»Somebody« (1984)
»Blasphemous Rumours« (1984)
»Walking In My Shoes«
»Home«, »Love In Itself«
»Useless«
»Route 66«
»Little 15«
ELEKTRO-POP

DESIRELESS
★ 25.12.1952. »Voyage Voyage« wurde 1987 ein Hit in ganz Europa. In Deutschland kletterte der Song der Französin auf Platz 1 der Charts.

DER TOP-10-HIT:
»Voyage Voyage« (7/87 D 1; 5/88 GB 5)
DISKO

DES'REE
★ 30.11.1968. Die Tochter indischer Eltern landete 1991 mit »Feel So High« einen ersten Achtungserfolg. Der Song kletterte bis auf Platz 13 der GB-Charts. Des'ree machte mehrere Platten, die zumeist unterhalb der Top 40 landeten. Mit »You Gotta Be« hatte sie ihren ersten Top-10-Hit, allerdings in den USA, nicht in ihrer britischen Heimat. »Life« wurde 1998 ihr größter Hit. In Deutschland sangen Schüler bei jeder sich bietenden Gelegenheit den Song, in Großbritannien landete das leicht zu konsumierende Stückchen Musik in den Top 10.
»You Gotta Be« schaffte 1999 im dritten Versuch die ursprünglich angestrebte Chartnotierung in Großbritannien.
Im selben Jahr wurde sie mit dem Brit Award als beste Sängerin ausgezeichnet.

Die erfolgreichsten Alben:
»Mind Adventures« (2/92 GB-LP 26)
»I Ain't Movin'« (5/94 GB-LP 13; 11/94 US-LP 27)
»Supernatural« (7/98 GB-LP 16)

Die Top-10-Hits:
»You Gotta Be« (9/94 US 5)
»Life« (6/98 D 8, GB 8)
»You Gotta Be« (4/99 GB 10)

Hits ausserhalb der Top 10:
»Delicate« (6/93 GB 14)
»I'm Kissing You« (1998)
Rhythm & Blues

Dexy's Midnight Runners
Kevin Rowland (★ 17.8.1953). Rowland gründete Ende der 70er Jahre Dexy's Midnight Runners. Mit »Geno«, einer Hommage an den Soulmusiker Geno Washington, hatten sie auf Anhieb eine Nr. 1 in den britischen Charts. »There There My Dear«, der Nachfolger, erreichte die Top 10 in Großbritannien. 1982 gelang ihnen mit »Come On, Eileen« der ganz große internationale Kracher, das durch ein »Liebesgeschichte-im-Arbeitermilieu«-Video unterstützt wurde. »Jackie Wilson Said« enterte nochmals die Top 10, »Come On, Eileen« erreichte 1983 die Spitzenposition der US-Charts, dann ebbte der Erfolg ab. 1987 erklärte Kevin Rowland das Ende seines Projektes.

Die erfolgreichsten Alben:
»Searching For The Young Soul Rebels« (7/80 GB-LP 6)
»Too-Rye-Ay« (8/82 GB-LP 2; 9/82 D-LP 29; 2/83 US-LP 14)
»The Very Best Of Dexy's Midnight Runners« (6/91 GB-LP 12)

DIE TOP-10-HITS:

»Geno« (3/80 GB 1)
»There There My Dear« (7/80 GB 7)
»Come On, Eileen« (7/82 GB 1; 9/82 D 6)
»Jackie Wilson Said« (10/82 GB 5)
»Come On, Eileen« (1/83 US 1)
POP

DIAMOND, JIM

★ 28.9.1951. Jim sang bereits in seiner Jugend in diversen Bands seiner Heimatstadt. Mit 16 Jahren wurde er Clubsänger. 1975 gründete er die Gruppe Bandit, die zwei Jahre später ihre erste LP veröffentlichte. Da die Zeit für Popmusik aufgrund der Punkwelle denkbar schlecht war, fiel Bandit wieder auseinander. Weitere Projekte waren ebenfalls nicht von Erfolg gekrönt. Jim kehrte nach Großbritannien zurück, schloss sich PhD an, die mit »I Won't Let You Down« einen Hit hatten. Just als der Erfolg an die Tür klopfte, fing sich Jim eine scheußliche Krankheit ein. Nachdem er diese wieder in den Griff bekommen hatte, begann er 1984 eine Solokarriere. Er schaffte zwei Top-10-Hits. »I Should Have Known Better« war sogar eine Nr. 1 in den britischen Charts.

DIE TOP-10-HITS:

»I Should Have Known Better« (11/84 GB 1)
»Hi Ho Silver« (2/86 GB 5)
POP, SOFT POP

DIAMOND, NEIL

★ 24.1.1941. Viele von Neil Diamonds Songs sind von trauriger Natur. Neil erklärte diese Tatsache damit, dass sein Vater Berufssoldat war, und er, Neil, durch die ständigen Umzüge kaum Freunde hatte und Außenseiter war. Inspiriert vom berühmten Folksänger Pete Seeger begann er in den frühen 60er Jahren als Songschreiber.

Zunächst erfolglos. Erst als er für die Gruppe Jay & The Americans das Stück »Sunday And Me« schrieb, wurde man auch auf den Interpreten Neil aufmerksam.

1966 bekam er einen Plattenvertrag, hatte mit »Cherry, Cherry« seinen ersten Hit in den Top 10 der US-Charts.

Er schrieb »I'm A Believer« für die Monkees und war von nun an ein erfolgreicher Mann.

Zahlreiche Top-10-Hits folgten, darunter so wunderbare Nummern wie »Longfellow Serenade« oder »Beautiful Noise«.

In den 80ern gelangen ihm nochmals vier Top-10-Hits.

Ab 1983 veröffentlichte er regelmäßig Platten, mit mäßigem Erfolg. Neil Diamonds Musik haftete immer das Etikett des Mittelmäßigen an.

Da superintelligent gemachte Musik oftmals auch scheitern konnte und ihn seine angebliche Mittelmäßigkeit zu einem reichen Mann gemacht hatte, dürfte ihm dieses Kritikeretikett egal gewesen sein.

DIE ERFOLGREICHSTEN ALBEN:

»September Morn« (1/80 US-LP 10, GB-LP 14; 2/80 D-LP 28)
»The Jazz Singer« (11/80 US-LP 3, GB-LP 3; 12/80 D-LP 40)
»On The Way To The Sky« (11/81 US-LP 17)
»12 Greatest Hits, Vol.II« (5/82 US-LP 48; 6/82 GB-LP 32)
»Heartlight« (10/82 US-LP 9)
»Classics – The Early Years« (6/83 US-LP 17)
»Primitive« (7/84 GB-LP 7, D-LP 21; 8/84 US-LP 35)
»The Greatest Hits« 1966-1992 (6/92 US-LP 90; 7/92 GB-LP 1)
»The Christmas Album« (10/92 US-LP 8)

DIE TOP-10-HITS:

»Love On The Rocks« (11/80 US 2)
»Hello Again« (1/81 US 6)
»America« (4/81 US 8)
»Heartlight« (9/82 US 5)
POP, ROCK, SOFT ROCK

Dion, Celine

★ 30.3.1968. Die frankokanadische Sängerin gewann 1988 mit dem Song »Ne Partez Pas Sans Moi« den Grand Prix Eurovision De La Chanson für die Schweiz. Da man mit Grand-Prix-Erfolgen musikalisch festgelegt zu sein scheint, überraschte Celine 1990 mit »Where Does My Heart Beat Now«, das es bis auf Platz 4 der US-Charts brachte. Was zunächst als Eintagsfliege galt, entpuppte sich bald als dauerhafter Erfolg.

Celine Dion wurde neben Whitney Houston und Mariah Carey zu einer der erfolgreichsten Pop-Sängerinnen der 90er Jahre.

Ihre Singles und Alben wurden zu Verkaufshits.

Für den Titel »My Heart Will Go On«, Love Theme aus dem Film »Titanic«, erhielt sie den Oscar. Zusammen mit den Bee Gees sang sie »Immortality«. Ende 1999 kündigte sie nach einem Auftritt im Caesar's Palace in Las Vegas ihren Rücktritt aus der Showbranche an. Sie bekam ein Kind und schloss anschließend nach dem Motto »Was stört mich mein Geschwätz von gestern« einen Drei-Jahres-Vertrag mit dem Caesar's Palace ab.

Die erfolgreichsten Alben:

»Celine Dion« (4/92 US-LP 34)

»The Color Of My Love« (11/93 US-LP 4; 3/94 GB-LP 1)

»D'Eux« (10/95 GB-LP 7)

»Falling Into You« (3/96 GB-LP 1, US-LP 1 – zehnfach Platin-, D-LP 5)

»Let's Talk About Love« (11/97 GB-LP 1; 12/97 US-LP 1 – neunfach Platin-, D LP 1)

»These Are Special Times« (11/98 D-LP 3, US-LP 2)

»All The Way ... A Decade Of Songs« (11/99 GB-LP 1, D-LP 1; 12/99 US-LP 1 – sechsfach Platin)

Die Top-10-Hits:

»Where Does My Heart Beat Now« (12/90 US 4)

»Beauty And The Beast« (1/92 US 9; 5/92 GB 9)

»If You Asked To Me« (4/92 US 4)

»The Power Of Love« (11/93 US 1; 1/94 GB 4)
»Think Twice« (10/94 GB 1)
»Only One Road« (5/95 GB 8)
»Pour Que Tu M'Aimes Encore« (9/95 GB 7)
»Because You Loved Me« (3/96 US 1; 6/96 GB 5)
»Falling Into You« (3/96 GB 10)
»It's All Coming Back To Me Now« (8/96 US 2; 10/96 GB 3)
»All By Myself« (12/96 GB 6; 3/97 US 4)
»Tell Him« (11/97 GB 3)
»My Heart Will Go On« (1/98 D 1; 2/98 GB 1, US 1)
»Immortality« (6/98 D 2; 7/98 GB 5)
»I'm Your Angel« (10/98 US 1; 11/98 GB 3)
»That's The Way It Is« (11/99 US 6, D 8)

WEITERE HITS AUSSERHALB DER TOP 10:
»Seduces Me« (1996), »I Love You«
ROCK, GRAND PRIX, SOFT POP

DIRE STRAITS

Mark Knopfler v/g (★ 12.8.1949),
David Knopfler g (★ 27.12.1952),
John Illsley b (★ 24.6.1949),
Pick Withers d,
Hal Lindes g (★ 30.6.1953),
Alan Clark key (★ 5.3.1952).
Im Sommer 1977 nahmen die Knopfler-Brüder, John Illsley und Pick Withers ein Demoband mit fünf Liedern auf.

Ein BBC-Discjockey spielte die Songs in seiner wöchentlichen Sendung. Der Mitarbeiter einer Plattenfirma hörte die Sendung, war von den Stücken beeindruckt und nahm die Band unter Vertrag.

Die Dire Straits spielten im Vorprogramm der Talking Heads und produzierten 1978 ihre erste LP.

Der Name der Band war etwa mit »Entsetzlicher Engpass« zu

übersetzen, was wohl mit den finanziellen Verhältnissen der Mitglieder zu tun hatte.

Obwohl die Jungs nicht gerade irgendwelchen Schönheitsidealen entsprachen und der Gesang mittelmäßig war, wurden die Dire Straits erfolgreich.

Es lag wohl an der Einfachheit des Konzepts und dem unglaublich genialen Gitarrenspiel von Mark Knopfler.

Im Juli 1980 verließ David Knopfler die Band und wurde durch Lindes und Clark ersetzt. Mit der LP »Brothers In Arms« und der ausgekoppelten Single »Money For Nothing« setzten Dire Straits neue Maßstäbe, auch was Videos anbetraf. Nebenbei arbeitete Mark Knopfler immer wieder als Solokünstler. Dabei gelang ihm 1996 mit »Golden Heart« ein wunderschönes Album.

DIE ERFOLGREICHSTEN ALBEN:

»Making Movies« (10/80 GB-LP 4; 11/80 US-LP 19, D-LP 7)
»Love Over Gold« (10/82 GB-LP 1, D-LP 4, US-LP 19)
»Alchemy – Dire Straits Live« (3/84 GB-LP 3, D-LP 8)
»Brothers In Arms« (5/85 GB-LP 1, D-LP 1; 6/85 US-LP 1 - neunfach Platin)
»Money For Nothing« (10/88 GB-LP 1, D-LP 2; 11/88 US-LP 62)
»On Every Street« (9/91 GB-LP 1, D-LP 1, US-LP 12)
»On The Night« (5/93 GB-LP 4, D-LP 7)
»Sultans Of Swing – The Best Of « (10/98 GB-LP 6; 11/98 D-LP 6)

DIE TOP-10-HITS:

»Romeo And Juliet« (1/81 GB 8)
»Private Investigations« (9/82 GB 2)
»Money For Nothing« (7/85 US 1, GB 4)
»Walk Of Life« (11/85 US 7; 1/86 GB 2)
»Calling Elvis« (8/91 D 8)

»Your Latest Trick« (1984)
»Sultans Of Swing« (1984)
»So Far Away« (1985)
»Why Worry«(1985)
»You And Your Friend«
»The Bug«
Heavy Fuel«
Rock

DJ Bobo

★ 5.1.1968. Die Mutter ist Schweizerin, der Vater Italiener. Rene Baumann, wie DJ Bobo eigentlich heißt, war zunächst Bäcker und Konditor. Dann wurde er Produzent, Komponist, Texter, Sänger, Tänzer, und ist mittlerweile europaweit bekannter Künstler.

DJ Bobo verstand es immer wieder, mit seiner Show, bestehend aus ausgefeilter Choreographie, Akrobatik, Feuerwerke und Gesangseinlagen, das Publikum einzunehmen, es in das Geschehen auf der Bühne mit einzubeziehen. Acht Musiker sowie zwei Tänzerinnen und zwei Begleitsängerinnen sind DJ Bobos ständige Begleiter auf der Bühne. Neben den bekannten Singles gelang ihm mit »Love Is The Price« ein wundervoll gefühlvolles Stück Popmusik. Seine Platten sind europaweit bekannt, sein Erfolg ungebrochen.

Die erfolgreichsten Alben:
»There's A Party« (11/94 D-LP 9)
»World In Motion« (10/96 D-LP 3)
»Magic« (5/98 D-LP 5)
»Level 6« (10/99 D-LP 11)

Die Top-10-Hits:
»Somebody Dance With Me« (6/93 D 4)
»Keep On Dancing« (8/93 D 5)

»Everybody« (6/94 D 2)
»Let The Dream Come True« (10/94 D 4)
»Love Is All Around« (2/95 D 10)
»Freedom« (9/95 D 8)
»Pray« (9/96 D 3)

WEITERE HITS AUSSERHALB DER TOP 10:
»Love Is The Price, Let The Beat Go On«
DANCE

DJ QUICKSILVER

Orhan Terzi computer (★ 28.6.1964)
Orhan ist gebürtiger Türke, verbrachte jedoch den größten Teil seines
Lebens in Deutschland. Mit 15 begann er als DJ zu arbeiten.
    Später war er Verkäufer in einem Plattenladen. Da fehlte noch,
selbst Musik zu produzieren, was er auch tat. Er leitete seinen Künstler-
namen vom Applausometer in Discos ab. Binnen kurzer Zeit hatte
Orhan drei Top-10-Hits in den Deutschen Charts. Bei »I Have A
Dream« wurden Aufnahmen der historischen Rede Martin Luther
Kings beigemischt. »Free« war wohl sein größter Discoknaller.

DIE TOP-10-HITS:
»I Have A Dream« (12/96 D 4)
»Bellissima« (4/97 GB 4)
»Free« (5/97 D 4; 9/97 GB 7)
DANCE

DR. ALBAN

★ 26.8.1957. Der in Nigeria geborene Dr. Alban lebt bereits seit
seinem fünften Lebensjahr in Stockholm. Dort studierte er Medizin
und ließ sich als Zahnarzt nieder. Nebenher arbeitete er als Disc-
jockey, besaß eine Boutique und eine eigene Diskothek.

1990 nahm er zusammen mit der Sängerin Leila K. den Titel »Hello Africa« auf. Der Dance-Track schlug sofort ein. Er landete auf Platz 2 der deutschen Charts. Die Sangeskarriere des »Singing Dentist« war aus der Taufe gehoben.

Bis 1994 hatte er weitere fünf Top-10-Hits, darunter seinen wohl bekanntesten »It's My Life«.

Danach wurde es relativ still um Dr. Alban. Bis Ende der 90er Jahre erschien nichts Zählbares.

DIE ERFOLGREICHSTEN ALBEN:
»One Love – The Album« (6/92 D-LP 6)
»Look Who's Talking« (4/94 D-LP 7)

DIE TOP-10-HITS:
»Hello Africa« (12/90 D 2)
»No Coke« (2/91 D 3)
»It's My Life« (5/92 D 1; 9/92 GB 2)
»One Love« (9/92 D 7)
»Sing Hallelujah« (3/93 D 4)
»Look Who's Talkin« (3/94 D 3)

WEITERE HITS AUSSERHALB DER TOP 10:
»U&Mi« (1991)
»Away From Home«
DANCE, DISKO

DR. HOOK
Ray Sawyer v/g (★ 1.2.1937),
Dennis Locorriere v/g (★ 13.6.1949),
Jance Garfat b/v (★ 3.3.1944),
George Cummings g (★ 28.7.1938),
Bill Francis key/v (★ 16.1.1942),
Rik Elswit g/v (★ 6.7.1945),

John Wolters d/v (★ 28.4.1945).
Nach ihrem Millionenseller »Sylvia's Mother« aus den 70ern landeten Dr. Hook 1980 mit »Better Love Next Time« und »Sexy Eyes« zwei weitere Top-10-Erfolge.

DIE ERFOLGREICHSTEN ALBEN:
»Dr. Hook's Greatest Hits« (12/80 GB-LP 2)
»Completely Hooked – The Best Of Dr. Hook« (6/92 GB-LP 3)
»Love Songs« (2/99 GB-LP 8)

DIE TOP-10-HITS:
»Better Love Next Time« (1/80 GB 8)
»Sexy Eyes »(2/80 GB 4, US 5; 5/80 D 2)
POP, ROCK

D.Ö.F
Inga Humpe (★ 13.1.1956)
Annette Humpe (★ 28.10.1950)
Joesi Prokopetz, Manfred Tauchen
Über die Bedeutung der dreibuchstabigen Abkürzung des Bandnamens wurde heftigst spekuliert.
Hieß es etwa »Deutsch-Österreichische Freundschaft«?
Nein. Es hieß »Deutsch-Österreichisches Feingefühl«. Umso besser.
Tauchen und Prokopetz gehörten zu den bekanntesten Vertretern der Wiener Kabarett- und Musikszene der 80er Jahre.
Sie hatten zusammen mit Wolfgang Ambros das Rock-Hörspiel »Der Watzmann ruft« aufgenommen, das als LP 25.0000 mal über die Ladentheke ging.
   Die Berliner Band Ideal nahm im Herbst 1982 in Wien eine neue LP auf. Dabei kam es zu ersten Kontakten mit den beiden erfolgsverwöhnten Österreichern.
   »Codo« entstand, der Rest ist Geschichte. Alle Menschen düsten im Sommer 1983 im Sauseschritt und brachten von ihrem Himmels-

ritt die Liebe mit. D.Ö.F. hingegen schwammen auf der Neuen Deutschen Welle eine Weile ganz oben mit.

DAS ERFOLGREICHSTE ALBUM:
»D.Ö.F.« (7/83 D-LP 9)

DER TOP-10-HIT:
»Codo« (7/83 D 1)

WEITERER HIT AUSSERHALB DER TOP 10:
»Taxi«
NEUE DEUTSCHE WELLE

DOLBY, THOMAS
★ 14.10.1958. Der Brite hatte mit »She Blinded Me With Science« 1982 eine Chartnotierung (Platz 5) in den USA. Als ausgezeichneter Musiker und herausragender Songschreiber wirkte er auch bei Foreigner und Def Leppard mit.

DIE ERFOLGREICHSTEN ALBEN:
»The Golden Age Of Wireless« (5/82 GB-LP 65; 3/83 US-LP 13)
»The Flat Earth« (2/84 GB-LP 14; 3/84 US-LP 35)

DER TOP-10-HIT:
»She Blinded Me With Science« (2/83 US 5)

WEITERE HITS AUSSERHALB DER TOP 10:
»Hyperactive« (1/84 GB 17; 1/94 GB 23)
»Airhead« (1988)
»Close But No Cigar« (5/92 GB 22)
»I Love You Goodbye« (7/92 GB 36)
ELEKTRO-POP, POP

DOLLAR

Thereza Bazar v (★ 23.5.1955)
David van Day v (★ 28.11.1956)
1978 startete das britisch-kanadische Duo durch. Sie hatten zunächst zwei Top-10-Hits in Großbritannien. 1983 trennten sich Dollar, kamen jedoch 1986 wieder zusammen. »O L'Amour«, ein Nachzieher des Erasure-Hits, enterte die Top 10 in Großbritannien.

DAS ERFOLGREICHSTE ALBUM:
»The Dollar Album« (10/82 GB-LP 18)

DIE TOP-10-HITS:
»Mirror Mirror (Mon Amour)« (11/81 GB 4)
»Give Me Back My Heart« (3/82 GB 4)
»O L'Amour« (12/87 GB 7)
POP

DOMINOE

Jörg Sieber v (★ 13.7.1961),
Johnny Rohde key (★ 2.11.1956),
Fred Neudert b/v (★ 17.7.1959),
Rick Shulz d (★ 25.8.1961),
Robert Papst g,
Angie Buchzyk key/v.
Die 1987 gegründete Band landete mit »Here I Am« ein Jahr später auf Platz 4 der deutschen Charts. Weitere Songs waren »Angel Don't Cry« und »Let's Talk About Life«.

DER TOP-10-HIT:
»Here I Am« (1/88 D 4)
ROCK

DONALDS, ANDRU

Der Jamaikaner verbrachte zwei Jahre lang als Straßenmusikant in London, bevor er die Möglichkeit bekam, eine Platte aufzunehmen. Seine Debütsingle »Mishale«, die sich stimmlich an Seal anlehnte, brachte ihm die erste Chartnotierung.

Seine Karriere dümpelte so vor sich hin, als er 1998 auf Michael Cretu traf. Mit einer Coverversion des Air-Supply-Hits »All Out Of Love« gelang ihm ein satter Top-10-Hit in Deutschland.

DER TOP-10-HIT:
»All Out Of Love« (4/99 D 3)
POP

DONOVAN, JASON

★ 1.6.1968. Der australische Sänger und Schauspieler war das beste Zugpferd des Produzententeams Stock/Aitken/Waterman. Sowohl im Duett mit Kylie Minogue als auch solo hatte er regelmäßige Top-10-Hits in Deutschland und Großbritannien.

Als Schauspieler war er als Partner von Kylie Minogue in »Neighbours« bekannt geworden.

Im Musical »Joseph And The Amazing Technicolor Dreamcoat« von Andrew Lloyd Webber und Tim Rice stand er in der Titelrolle in London auf der Bühne.

DIE ERFOLGREICHSTEN ALBEN:
»Ten Good Reasons« (5/89 GB-LP 1, D-LP 3)
»Between The Lines« (6/90 GB-LP 2)
»Greatest Hits« (9/91 GB-LP 9)

DIE TOP-10-HITS:
»Nothing Can Divide Us« (9/88 GB 5)
»Especially For You« (12/88 D 10, GB 1)
»Too Many Broken Hearts« (3/89 GB 1)

»Sealed With A Kiss« (6/89 D 4, GB 1)
»Everyday« (9/89 GB 2)
»When You Come Back To Me« (12/89 GB 2)
»Hang On To Your Love« (4/90 GB 8)
»Rhythm Of The Rain« (9/90 GB 9)
»Any Dream Will« Do (6/91 GB 1)
»Happy Together« (8/91 GB 10)

WEITERE HITS AUSSERHALB DER TOP 10:
»Listen To The Rhythm Of The Falling Rain«
»Mission Of Love«
»Another Night«
SOFT POP

DOOFEN
Wigald Boning v (★ 20.1.1967),
Olli Dittrich v/g/d/p (★ 20.1.1956).
Die ›Doofen‹ bedienten die Blödelhit-Schiene. Hatten beide zuvor bereits gezeigt, dass sie als Musiker mehr konnten, man denke an »Wildeshausen« von Herrn Boning, kam mit der Blödelei der Erfolg. Mit »Mief« landeten sie eine Nr. 1 in Deutschland.

DIE ERFOLGREICHSTEN ALBEN:
»Lieder, die die Welt nicht braucht« (4/95 D-LP 1)
»Melodien für Melonen« (4/96 D-LP 4)

DER TOP-10-HIT:
»Mief! (Nimm mich jetzt, auch wenn ich stinke)« (5/95 D 1)
DEUTSCHER SCHLAGER

DOOP
Peter Garnefski key

Ferry Ridderhof key

Ragtime und Charleston aus den 20er Jahren, vermischt mit der House-Music der 90er, wurde für »Doop« ein Hit.

Inspiriert wurden die beiden Holländer beim Besuch diverser Partys in ihrer Heimat.

Der Versuch, mit einem Nachzieher wieder erfolgreich zu sein, scheiterte daran, dass die Rednex mit einer Mischung aus Country und Techno vorher dawaren.

DER TOP-10-HIT:
»Doop« (3/94 D 6, GB 1)
TECHNO, HOUSE

DORE, VALERIE
★ 28.5.1963. Die Italienerin hatte mit »The Night« auch außerhalb des »Stiefels auf der Landkarte« kurzfristigen Erfolg.

DER TOP-10-HIT:
»The Night« (12/84 D 5)

WEITERE HITS AUSSERHALB DER TOP 10:
»Get Closer« (2/85 D 12)
»Lancelot« (8/86 D 36)
DISKO

DORO
Doro Pesch (★ 3.6.1964).

Die ehemalige Sängerin der Heavy-Metal-Formation Warlock hatte solo noch mehr Erfolg. »A Whiter Shade Of Pale« war nur ein Hinweis darauf, dass Doro Pesch auch alleine ganz gut zurechtkommt.

Weitere Singles: Beyond The Trees, Love Me In Black, Tausend

mal gelebt, Barracuda, In Freiheit stirbt mein Herz, I'll Make It On My Own, Even Angels Cry, The Fortuneteller, Live It, Fall For Me Again, Alles ist gut, Bis auf's Blut, Bad Blood, So Alone Together
HARD-ROCK

DOUBLE

Kurt Maloo v/g (★ 16.4.1953),
Felix Haug d/key (★ 27.3.1952).
Bevor die beiden Schweizer mit dem Titel »The Captain Of Her Heart« erfolgreich waren, hatten sie künstlerisch einiges probiert. Kurt hatte gemalt und war als Solomusiker unterwegs gewesen, Felix war Mitglied bei Yello gewesen.

DAS ERFOLGREICHSTE ALBUM:
»Blue« (10/85 D-LP 14; 7/86 US-LP 30)

DER TOP-10-HIT:
»The Captain Of Her Heart« (10/85 D 10; 1/86 GB 8)

WEITERER HIT AUSSERHALB DER TOP 10:
»Rangoon Moon« (1984)
ELEKTRO-POP, POP

DREAM ACADEMY

Kate St. John v/oboe/sax,
Nick Laird-Clowes g/v,
Gilbert Gabriel key.
»Life In A Northern Town«, für das sich kein geringerer als David Gilmour von Pink Floyd als Produzent verantwortlich zeigte, erreichte die Top 10 in den USA. 1991 trennte sich die Gruppe wieder.

DAS ERFOLGREICHSTE ALBUM:

»A Different Kind Of Weather« (1991)

DER TOP-10-HIT:
»Life In A Northern Town« (11/85 US 7)
ROCK, PSYCHEDELIC

DREWS, JÜRGEN

★ 2.4.1945. Der Sänger und Moderator wurde in Deutschland mit »Ein Bett im Kornfeld« bekannt. In den 80er Jahren war er in Amerika unter dem Namen »J.D. Drews« als Rocker relativ erfolgreich. Ende der 80er Jahre, zurück in Deutschland, hatte Jürgen mit »So wie im Film« und »Irgendwann, irgendwo, irgendwie« mit zwei guten Schlagertiteln wieder Erfolg. Von Dieter Thomas Heck produziert, moderierte er die »Deutsche Schlagerparade«. Mittlerweile residiert er als »König vom Ballermann« auf Mallorca.
SCHLAGER

DUFFY, STEPHEN TINTIN

★ 30.5.1960. Stephen war Mitschüler von den Duran Duranern Nick Rhodes und John Taylor. Er gründete Duran Duran mit, war Sänger, stieg jedoch 1979 wieder aus.

Als Solist hatte er mit »Kiss Me« einen Top-10-Hit. Danach machte er noch schöne Plattenaufnahmen, die diesen Erfolg jedoch nicht mehr erreichen konnten.

DAS ERFOLGREICHSTE ALBUM:
»Music In Colours« (1993)

DER TOP-10-HIT:
»Kiss Me« (3/85 GB 4)
ELEKTRO-POP

DUNE

Bernd Burhoff,
Oliver Froning,
Vanessa Hörster v (★ 22.5.1978),
Jens Oetterich,
Verena von Strenge v.
Dune war einer der erfolgreichsten Dance-Acts der 90er Jahre.
Gleich ihr erster Song »Hardcore Vibes« wurde ein Top-10-Hit.
Ihre unschlagbaren, nahezu genialen Videoclips liefen auf allen
Musik-TV-Sendern. Selbst eingefleischte Queen-Fans mussten 1996
zugeben, dass »Who Wants To Live Forever«, gesungen von Verena,
sehr gelungen war. 1997 stieg sie aus, um Soloprojekte zu verwirk-
lichen. Vanessa Hörster ersetzte sie.

DAS ERFOLGREICHSTE ALBUM:
»Forever« (1/97 D-LP 2)

DIE TOP-10-HITS:
»Hardcore Vibes« (3/95 D 5)
»Can't Stop Raving« (10/95 D 7)
»Hand In Hand »(5/96 D 10)
»Who Wants To Live Forever« (11/96 D 2)

WEITERE HITS AUSSERHALB DER TOP 10:
»Are You Ready To Fly« (1995)
»Rainbow To The Stars« (1996)
»Million Miles From Home« (1996)
»One Of Us« (1998)
RAVE, DANCE

DURAN DURAN

Simon Le Bon v (★ 27.10.1958),
Nick Rhodes key (★ 8.6.1962),

Andy Taylor g (★ 16.2.1961),
John Taylor b (★ 20.6.1960),
Roger Taylor d (★ 26.4.1960).
1978 formierte sich diese Band in Birmingham. Der Gruppenname war einer Figur des Science-Fiction-Films »Barbarella« entnommen. Als Simon Le Bon nach einigen Umbesetzungen zu Duran Duran stieß, kam der Erfolg. Mit »Girls On Film« hatten sie 1981 ihren ersten Top-10-Hit in ihrer Heimat. Zahlreiche hohe Chartnotierungen folgten, darunter »A View To A Kill«, Titelsong des gleichnamigen James-Bond-Films.

1985 splittete sich die Gruppe in zwei Lager. Andy und John Taylor gründeten u.a. mit Robert Palmer die Power Station, Le Bon, Rhodes und Roger Taylor machten mit Arcadia ein Album und hatten mit ihrem »Election Day« einen Hit.

1986 verließen Roger und Andy Taylor die Band, um Solokarrieren zu starten. Trotz der Umformierungen und Umbesetzungen blieben Duran Duran bis Mitte der 90er Jahre erfolgreich.

DIE ERFOLGREICHSTEN ALBEN:
»Duran Duran« (6/81 GB-LP 3; 2/83 US-LP 10)
»Rio« (5/82 GB-LP 2; 6/82 US-LP 6)
»Seven And The Ragged Tiger« (12/83 GB-LP 1, US-LP 8, D-LP 17)
»Arena« (11/84 GB-LP 6, D-LP 1; 12/84 US-LP 4)
»Notorious« (12/86 GB-LP 16, US-LP 12, D-LP 22)
»Decade« (11/89 GB-LP 5)
»Liberty« (9/90 GB-LP 8)
»Duran Duran (The Wedding Album) (2/93 GB-LP 4; 3/93 US-LP 7)
»Greatest« (11/98 GB-LP 15)

DIE TOP-10-HITS:
»Girls On Film« (7/81 GB 5)
»Hungry Like The Wolf« (5/82 GB 5; 12/82 US 3)
»Save A Prayer« (8/82 GB 2)
»Rio« (11/82 GB 9)

»Is There Something I Should Know« (3/83 GB 1; 6/83 US 4)
»Union Of The Snake« (10/83 GB 3, US 3)
»New Moon On Monday« (1/84 US 10, GB 9)
»The Reflex« (4/84 D 8, GB 1, US 1)
»Wild Boys« (11/84 US 2, D 1, GB 2)
»A View To A Kill« (5/85 GB 2, US 1, D 9)
»Notorious« (11/86 GB 7, US 2)
»I Don't Want Your Love« (10/88 US 4)
»All She Wants Is« (1/89 GB 9)
»Ordinary World« (1/93 GB 6, US 3)
»Come Undone« (4/93 US 7)

WEITERE HITS AUSSERHALB DER TOP 10:
»Skin Trade«
»Violence Of Summer«
»Meet El Presidente«
»Big Thing«
ELEKTRO-POP, NEW ROMANTIC, ROCK

DUVAL, FRANK
★ 22.11.1940. Duval schrieb nach einer Karriere beim Theater ab 1977 ausschließlich Musik für TV-Serien wie »Derrick« und »Der Alte«. Mit »Angel Of Mine« gelang ihm eine Nr. 1 in Deutschland. Der Nachfolgehit »Give Me Your Love« landete immerhin auf Platz 2.

DIE ERFOLGREICHSTEN ALBEN:
»Face To Face« (10/82 D-LP 7)
»If I Could Fly Away« (4/83 D-LP 3)

DIE TOP-10-HITS:
»Angel Of Mine« (12/80 D 1)
»Give Me Your Love« (9/83 D 2)

»If I Could Fly Away« (1983)
INSTRUMENTAL

E., SHEILA

★ 12.12.1959. Die Legende, dass Prince sie entdeckt hat, hält sich hartnäckig. Mit »A Love Bizarre« hatte die Kalifornierin 1986 einen Platz 4 in Deutschland.

Sheila ist nicht nur Sängerin, sie schreibt ihre Lieder zumeist selbst, spielt Percussion, Bass, Gitarre und Keyboards.
Des weiteren produziert sie ihre Plattenaufnahmen in Eigenregie.

DIE ERFOLGREICHSTEN ALBEN:
»The Glamorous Life« (1984)
»Romance 1600« (1985)

DIE TOP-10-HITS:
»The Glamorous Life« (6/84 US 7)
»A Love Bizarre« (2/86 D 4)
RHYTHM & BLUES, DANCE

EARTH & FIRE

Jerney Kaagman v,
Gerard Koerts v/key/p,
Ron Meyjes g,
Bert Ruiter b (★ 26.11.1946),
Ab Tamboer d.
Die Holländer hatten bereits in den 70er Jahren Erfolge zu verbuchen.
Ihre LPs fanden bei den Kritikern international Anerkennung.
In den 80ern gelang Earth & Fire mit »Weekend« aus ihrer LP »Reality Fills Fantasy« ein großer Wurf.

DAS ERFOLGREICHSTE ALBUM:
»Reality Fills Fantasy« (2/80 D-LP 25)

DER TOP-10-HIT:
»Weekend« (2/80 D 1)
POP

EARTH, WIND & FIRE
Philip Bailey v/per (★ 8.5.1951),
Roland Battista g,
Michael Beale g,
Jessica Cleaves v (★ 10.12.1948),
Larry Dunn key (★ 19.6.1953),
Wade Flemons v/p (★ 25.9.1940, †. 3.10.1993),
Johnny Graham g (★ 3.8.1951),
Yackov Ben Israel per,
Ralph Johnson v/d/per (★ 4.7.1951),
Ronnie Laws g/sax (★ 3.10.1950),
Al McKay g/per (★ 2.2.1948),
Sherry Scott v,
Alex Thomas pos,
Chet Washington sax,
Fred White d/per (★ 13.1.1955),
Verdine White v/b (★ 25.7.1951),
Maurice White v/d (★ 19.12.1941),
Don Whitehead key,
Andrew Woolfolk sax, fl (★ 11.10.1950).
Musikalischer Kopf der Band war der studierte Maurice White. Nachdem er Schlagzeug und Komposition gelernt und als Lehrer gearbeitet hatte, wurde er in den 60er Jahren Sessiondrummer.

1970 gründete er Earth, Wind&Fire und erhielt einen ersten Plattenvertrag. Mit unterschiedlichen Musikern zusammenarbeitend, verstand es White bis in die 90er Jahre, musikalisch erfolgreich zu sein. »September« war wohl Ende der 70er Jahre der größte Hit von Earth, Wind & Fire.

DIE ERFOLGREICHSTEN ALBEN:
»Faces« (11/80 US-LP 10, GB-LP 10)
»Raise!« (11/81 US-LP 5, GB-LP 14, D-LP 30)
»The Collection« (5/86 GB-LP 5)

DER TOP-10-HIT:
»Let's Groove« (10/81 GB 3, US 3)

WEITERE HITS AUSSERHALB DER TOP 10:
»Touch The World«
»American Dream«
RHYTHM & BLUES

EASTON, SHEENA
★ 27.4.1959. Sheena machte ihren Abschluss als Lehrerin für Sprache und Schauspiel an der Royal Scottish Academy Of Music And Drama. In den 80er Jahren war sie ganz dick in den Charts vertreten. Für ihren wohl bekanntesten Song »For Your Eyes Only«, Titelsong des gleichnamigen James-Bond-Films, bekam sie 1981 einen Grammy als Best New Artist. Die hübsche Schottin spielte in fünf Folgen von Miami Vice die Frau von Sonny Crockett. Die Sendung erreichte natürlich traumhafte Einschaltquoten.

DAS ERFOLGREICHSTE ALBUM:
»A Private Heaven« (10/84 US-LP 15)

DIE TOP-10-HITS:
»9 to 5« (7/80 GB 3)
»Modern Girl« (8/80 GB 8)
»Morning Train« (2/81 US 1)

»For Your Eyes Only« (6/81 US 4, GB 8; 9/81 D 5)
»We've Got Tonight« (1/83 US 6)
»Telephone« (8/83 US 9)
»Strut« (8/84 US 7)
»Sugar Walls« (12/84 US 9)
»The Lover In Me« (11/88 US 2)
POP, DANCE

EAST 17

Brin v (★ 8.8.1974),
John v/key/b (★ 26.3.1971),
Terry v/key (★ 21.7.1974),
Tony v/key (★ 21.10.1970).
Die britische Gruppe, die sich nach dem Postzustellungsbezirk in London nannte, indem sie alle wohnten, hatten Anfang der 90er Jahre mit »House Of Love« ihren ersten fetten Top-10-Hit.
  Bis Ende 1998 hatten sie elf weitere Top-10-Hits. Im selben Jahr löste sich die Gruppe nach etlichen Querelen auf, machte jedoch wenig später ohne Tony als E-17 weiter.

DIE ERFOLGREICHSTEN ALBEN:
»Walthamstow (2/93 GB-LP 1)
»Steam« (10/94 GB-LP 3, D-LP 10)
»Up All Night« (11/95 GB-LP 7)
»Around The World« – The Journey So Far« (11/96 GB-LP 3, D-LP 10)

DIE TOP-10-HITS:
»House Of Love« (8/92 GB 10; 11/92 D 6)
»Deep« (1/93 GB 5)
»It's Alright« (12/93 GB 3, D 2)
»Around The World« (5/94 GB 3)
»Steam« (10/94 GB 7)
»Stay Another Day«(12/94 D 4, GB 1)

»Let It Rain« (3/95 GB 10)
»Thunder« (11/95 GB 4, D 6)
»Do U Still?« (2/96 GB 7)
»If You Ever« (11/96 GB 2)
»Hey Child« (1/97 GB 3)
»Each Time« (11/98 GB 2)

WEITERE HITS AUSSERHALB DER TOP 10:
»West End Girls« (1993)
»Someone To Love«
BOY-GROUP

EBSTEIN, KATJA

★ 9.3.1945. Die Sängerin aus Königshütte mit der klassischen Ge-
sangsausbildung machte zunächst Folklore und Chansons. Zweimal
erreichte sie Anfang der 70er Jahre einen 3. Platz beim Grand Prix
Eurovision De La Chanson. Zwischendurch bediente sie genau jenes
Genre, dem sie eigentlich weniger angehörte. Den Schlager. Mit »Der
Stern von Mykonos« und »Es war einmal ein Jäger« hatte sie Mitte
der 70er Jahre zwei Top-10-Hits in Deutschland.

Sie erweiterte ihr Repertoire um Vertonungen der Lyrik Heinrich
Heines. 1980 belegte sie mit »Theater« wieder einen sehr guten
2. Platz beim Grand Prix. Ihr schönster Song ist wohl »Abschied ist ein
bisschen wie sterben«, der im März 1980 die Top 10 der deutschen
Charts erreichte.

DER TOP-10-HIT:
»Abschied ist ein bisschen wie sterben« (3/80 D 10)
SCHLAGER, GRAND PRIX

EDELWEISS

Wer oder was sich hinter Edelweiß verbarg, weiß nicht einmal der

Katja Ebstein

Geier. Sicher ist, dass die galaktische Formation mit »Bring Me Edelweiß« Top 10 in den deutschen und britischen Charts war. Eine reife
Leistung für anonyme Popstars.

»Bring Me Edelweiß« (11/88 D 2; 4/89 GB 5)
»Raumschiff Edelweiß« (10/92 D 7)
TECHNO

EIGHTH WONDER

Patsy Kensit v (★ 4.3.1968),
Jamie Kensit g,
Geoff Beauchamp g,
Alex Godson key,
Steve Grantley d,
Im Frühjahr 1984 wurde Eighth Wonder gegründet. Die langbeinige Blondine Patsy Kensit stand im Mittelpunkt der britischen Band.

Zwischen 1989 und 1992 heiratete Patsy zwei Musiker, darunter Jim Kerr von den Simple Minds. Später ehelichte sie Liam Gallagher von Oasis, von dem sie sich jedoch wieder scheiden ließ. Musik machten Eighth Wonder auch noch. Mit »I'm Not Scared« gelang ihnen lediglich ein einziger Top-10-Hit. Vermutlich wegen Patsy Kensits Heiratslust.

DER TOP-10-HIT:
»I'm Not Scared« (2/88 GB 7; 5/88 D 5)

WEITERER HIT AUSSERHALB DER TOP 10:
»Cross My Heart«
POP

ELO

Roy Wood v (★ 8.11.1946),
Jeff Lyne v/p/g (★ 30.12.1947),
Roy Beverley Bevan d (★ 25.11.1945),
Wilf Gibson vln (★ 28.2.1945),
Michael D'Albuquerque b/v (★ 24.6.1947),

Mick Edwards cello,
Colin Walker cello (★ 8.7.1949),
Richard Tandy key/g/b (★ 26.3.1948),
Bill Hunt key (★ 23.5.1947),
Hugh McDowell cello (★ 31.7.1953),
Kelly Groucutt b (★ 8.9.1945),
Mik Kaminski vln/cello (★ 2.9.1951),
Melvyn Gale cello (★ 15.1.1952),
Andy Craig cello.
Die britische Band um Kopf Jeff Lyne hatte bereits in den 70ern
Erfolge und eine Reihe von Top-10-Hits. Insgesamt 14 an der Zahl.
1981 gelang ihnen mit »Hold On Tight« wieder ein großer Wurf.
Ihre LPs waren hingegen häufiger in den Charts vertreten.

DIE ERFOLGREICHSTEN ALBEN:
»Xanadu« (7/80 GB-LP 2, D-LP 1, US-LP 4)
»Time« (8/81 GB-LP 1, D-LP 1, US-LP 16)
»Secret Messages« (7/83 GB-LP 4, D-LP 6, US-LP 36)
»Balance Of Power« (2/86 D-LP 18; 3/86 GB-LP 9)
»The Very Best Of The Electric Light Orchestra« (7/94 GB-LP 4)

DIE TOP-10-HITS:
»Xanadu« (6/80 GB 1, D 1; 8/80 US 8)
»Hold On Tight« (7/81 US 10, GB 4; 8/81 D 2)

WEITERE HITS AUSSERHALB DER TOP 10:
»Calling America«
»Mr. Blue Sky«
»Don't Walk Away«
»So Serious«
ROCK, ELEKTRO-POP, POP

EMILIA

★ 5.1.1978. Die bildhübsche Tochter eines Äthiopiers und einer Schwedin begann bereits im zarten Alter von 14 Jahren in einer schwedischen Band zu spielen. Bei einem Schulkonzert in Stockholm wurde sie entdeckt.
Mit »Big Big World« gelang ihr ein großer Hit. Später arbeitete sie mit Oli P. zusammen.

DAS ERFOLGREICHSTE ALBUM:
»Big Big World« (1/99 D-LP 6)

DER TOP-10-HIT:
»Big Big World« (12/98 D 1, GB 5)

WEITERER HIT AUSSERHALB DER TOP 10:
»Good Sign« (5/99 D 32)
POP

ENIGMA

★ 18.5.1957. Enigma bestand aus Michael Cretu, einem emigrierten Sohn einer rumänischen Familie. Er studierte Musik in Frankfurt und wurde schnell zu einem erfolgreichen und gefragten Studiomusiker und Produzenten. Er realisierte Projekte mit Moti Special, Hubert Kah und anderen. Cretu hatte Anfang der 80er Jahre mit »Total normal« einen beachtenswerten Singlehit.
Als Produzent seiner Ehefrau Sandra hatte er die größten Erfolge. Mit Enigma schuf er eine eigene Musik aus verschiedenen Elementen, die in dieser Form vorher kaum dagewesen sein dürfte. Bei diesem sehr erfolgreichen Projekt beschäftigte Michael Cretu wieder seine Frau Sandra. Enigma verkauften mehr als 25 Millionen Tonträger.

DIE ERFOLGREICHSTEN ALBEN:
»MCMXC A.D.« (12/90 D-LP 3, GB-LP 1; 3/91 US-LP 6 - dreifach Platin, mehr als 280 Wochen in den US-LP-Charts)
»Cross Of Changes« (12/93 D-LP 5; 2/94 GB-LP 1, US-LP 9)
»Le Roy Est Mort, Vive Le Roy« (12/96 D-LP 3, GB-LP 12, US-LP 25)

DIE TOP-10-HITS:
»Sadness Part I« (10/90 D 1; 12/90 GB 1; 2/91 US 5)
»Mea Culpa Part II« (3/91 D 7)
»Return To Innocence« (1/94 GB 3, D 5; 3/94 US 4)
ELEKTRO-POP

EN VOGUE

Terry Lynn Ellis v (★ 5.9.1966)
Cindy Anne Herron v (★ 26.9.1965)
Maxine Jones v (★ 16.1.1965)
Dawn Cherise Robinson v (★ 28.11.1968)
1990 starteten die von Denzil Foster und Thomas McElroy produzierten En Vogue durch. »Hold On« wurde ihr erster Top-10-Hit. En Vogue setzten die Tradition der Musik solcher Gruppen wie Supremes oder Sister Sledge fort. Fünf weitere Top-10-Hits folgten, darunter das legendäre »Whatta Man«.

DIE ERFOLGREICHSTEN ALBEN:
»Born To Sing« (4/90 US-LP 21; 6/90 GB-LP 23 - erhielt Platin)
»Funky Divas« (4/92 US-LP 8; 5/92 GB-LP 4)
»EV 3« (6/97 D-LP 9, GB-LP 9, US-LP 8)

DIE TOP-10-HITS:
»Hold On« (5/90 GB 5, US 2)
»My Lovin'« (3/92 US 2; 5/92 GB 4)
»Giving Him Something He Can Feel« (6/92 US 6)

»Free Your Mind« (9/92 US 8)
»Whatta Man« (1/94 US 3; 3/94 GB 7)
»Don't Let Go« (11/96 US 2; 1/97 D 7, GB 5)
DANCE, RHYTHM & BLUES

ENYA

★ 17.5.1961. Die Irin war zunächst Mitglied von Clannad. Mit »Orinoco Flow« war sie zum ersten Mal solo erfolgreich. Der Song erreichte die Topposition in Großbritannien, Platz 2 in Deutschland und die Top 30 in den USA. Sie gehört zu den erfolgreichsten und besten Sängerinnen weltweit.

DIE ERFOLGREICHSTEN ALBEN:
»Watermark« (10/88 GB-LP 5; 12/88 D-LP 6; 2/89 US-LP 25)
»Shepherd Moons« (11/91 GB-LP 1; 12/91 US-LP 17)
»The Celts« (11/92 GB-LP 10)
»The Memory Of Trees« (12/95 GB-LP 5, US-LP 9, D-LP 4)
»Paint The Sky With Stars – The Best Of Enya« (11/97 GB-LP 4, US-LP 30, D-LP 5)

DIE TOP-10-HITS:
»Orinoco Flow« (10/88 D 2, GB 1)
»Book Of Days« (8/92 GB 10)
»Anywhere Is« (11/95 GB 7)

WEITERER HIT AUSSERHALB DER TOP 10:
»Only If«
»Marble Halls«
»Caribbean Blue«
»Paint The Sky With Stars«
POP, FOLK

ERASURE

Vince Clarke key (★ 3.7.1960),
Andy Bell v (★ 25.4.1964).
»Sometimes« war nur einer von zahlreichen Hits des britischen Elektro-Pop-Duos. Er erreichte 1986 jeweils einen Platz 2 in Großbritannien und Deutschland.
Vince Clarke ist die Persönlichkeit des Duos schlechthin. Durch seine große Erfahrung mit Bands wie Depeche Mode, Yazoo und Assembly ist er der kreative Kopf von Erasure.
Andy Bell hatte zuvor in einer Metzgerei gearbeitet.
Erasure gehören zu den erfolgreichsten britischen Bands aller Zeiten.
Nach zahlreichen Top-10-Hits in den 80ern kamen sie Anfang der 90er Jahre mit einer ABBA-EP auf den Musikmarkt, die sich als Hommage an die große schwedische Band verstand.

DIE ERFOLGREICHSTEN ALBEN:

»The Circus« (4/87 GB-LP 6)
»The Innocence« (4/88 GB-LP 1; 5/88 D-LP 8; 6/88 US-LP 49)
»Wild!« (10/89 GB-LP 1)
»Chorus« (10/91 GB-LP 1)
»Pop!« – The First Twenty Hits« (11/92 GB-LP 1)
»I Say I Say I Say« (5/94 GB-LP 1, D-LP 6)
»Erasure« (11/95 GB-LP 14)
»Cowboy« (4/97 GB-LP 10)

DIE TOP-10-HITS:

»Sometimes« (10/86 GB 2; 12/86 D 2)
»Victim Of Love« (5/87 GB 7)
»The Circus« (10/87 GB 6)
»Ship Of Fools« (3/88 GB 6, D 9)
»A Little Respect« (10/88 GB 4)
»Crackers International EP« (12/88 GB 2)
»Drama!« (9/89 GB 4)
»Blue Savannah« (3/90 GB 3)

»Chorus« (6/91 GB 3)
»Love To Hate You« (9/91 GB 4)
»Breath Of Life« (3/92 GB 8)
»Abba-Esque EP« (6/92 GB 1, D 2)
»Who Needs Love« (11/92 GB 10)
»Always« (4/94 GB 4, D 5)
»Run To The Sun« (7/94 GB 6)

WEITERE HITS AUSSERHALB DER TOP 10:
»Am I Right«
»Heart Of Stone«
»You Surround Me«
»It Doesn't Have To Be«
»Star«
DANCE, ELEKTRO-POP

E. A. V.

Klaus Eberhartinger v (★ 12.6.1950),
Nino Holm key (★ 22.12.1950),
Andreas Stenmo d (★ 14.2.1956),
Gerhard Breit b (★ 14.8.1954),
Tom Spitzer g (★ 6.4.1953),
Günter Schöneberger g (★ 8.2.1952),
Mario Bottazzi v.
Die Österreicher hatten 1986 mit »Ba-Ba-Banküberfall« ihren ersten
Hit, der in die Top 10 vorstieß. 1977 fand diese Formation zusammen.
Spitzer, Holm und Wilfried (»Heidelbeeren«) hatten Antipasta ge-
gründet. Andreas Stenmo kam hinzu, und das Projekt E.A.V., also
Erste Allgemeine Verunsicherung, war aus der Taufe gehoben. Klaus
Eberhartinger stieß ebenfalls zur »E. A. V.«, verlieh der Band neue Im-
pulse. Mit Blödelpop hatten sie von 1986 bis 1990 große Erfolge, wie
etwa den »Ba-Ba-Banküberfall« oder »Küss die Hand, schöne Frau«.
Danach machten sie weiterhin Musik, gingen auf Tournee.

DIE ERFOLGREICHSTEN ALBEN:
»Geld oder Leben« (1/86 D-LP 10)
»Liebe, Tod und Teufel« (11/87 D-LP 3)
»Neppomuk's Rache« (6/90 D-LP 2)
»Nie wieder Kunst« (1994)
»The Grätest Hitz« (1996)

DIE TOP-10-HITS:
»Ba-Ba-Banküberfall« (1/86 D 7)
»Küss die Hand, schöne Frau« (11/87 D 2)
»Ding Dong« (4/90 D 7)
»Samurai« (8/90 D 10)

WEITERE HITS AUSSERHALB DER TOP 10:
»Märchenprinz«
»Fata Morgana«
POP

ESCAPE CLUB
Trevor Steel v/g,
John Holliday g/v,
Johnnie Christo b/v,
Milan Zekavica d.
»Wild Wild West« war für die 1983 in London gegründete Band
1988 in den USA ein Nr. 1-Hit.

DAS ERFOLGREICHSTE ALBUM:
»Wild Wild West« (8/87 US-LP 27)

DIE TOP-10-HITS:
»Wild Wild West« (8/88 US 1)
»I'll Be There« (5/91 US 8)
ROCK

ESTEFAN, GLORIA

★ 1.9.1957. Gloria Estefan wurde in Havanna geboren und war zunächst Mitglied der Miami Sound Machine. Sie hatten viele Top-10-Erfolge in den USA, Großbritannien und Deutschland. Ab 1989 erschienen die Songs nur noch unter Gloria Estefan, was dem Erfolg keinen Abbruch tat.

DIE ERFOLGREICHSTEN ALBEN:

»Primitive Love« (11/85 US-LP 21)
»Let It Loose« (6/87 US-LP 6)
»Anything For You« (11/88 GB-LP 1)
»Cuts Both Ways« (7/89 US-LP 8; 8/89 GB-LP 1)
»Into The Light« (2/91 US-LP 5, GB-LP 2)
»Greatest Hits« (11/92 US-LP 15, GB-LP 2)
»Mi Tierra« (7/93 US-LP 27, GB-LP 11)
»Christmas Through Your Eyes« (11/93 US-LP 43)
»Hold Me, Thrill Me, Kiss Me« (10/94 GB-LP 5; 11/94 US-LP 9)
»Gloria!« (6/98 GB-LP 16)

DIE TOP-10-HITS:

»Dr. Beat«(8/84 GB 6; 10/84 D 7)
»Conga« (10/85 US 10)
»Bad Boy« (3/86 US 8; 9/86 D 6)
»Words Get In The Way« (6/86 US 5)
»Rhythm Is Gonna Get You« (5/87 US 5)
»Can't Stay Away From You« (11/87 US 6; 2/89 GB 7)
»Anything For You« (3/88 US 1; 7/88 GB 10)
»1-2-3« (6/88 US 3; 10/88 GB 9)
»Don't Wanna Lose You« (7/89 US 1, GB 6)
»Here We Are« (12/89 US 6)
»Coming Out Of The Dark« (1/91 US 1)
»Miami Hit Mix« (12/92 GB 8)
»Music Of My Heart« (9/99 US 2)

»Get On Your Feet«
»Get Ready«
»Seal Of Fade«
»Cuts Both Ways«
»I Can't Forget You«
»Mi Tierra«
Pop, Dance

Etheridge, Melissa

★ 29.05.1961. Die amerikanische Sängerin und Songschreiberin setzte sich das große Ziel, handgemachte Musik wieder zu mehr Popularität zu führen, was ihr gelang. Etheridges erstes Album »Melissa Etheridge« erhielt Doppelplatin.

Die erfolgreichsten Alben:
»Melissa Etheridge« (6/88 US-LP 22)
»Brave And Crazy« (10/89 US-LP 22, D-LP 7)
»Never Enough« (4/92 US-LP 21)
»Yes I Am« (10/93 US-LP 15)
»Your Little Secret« (12/95 US-LP 6)
»Breakdown« (10/99 US-LP 12)

Der Top-10-Hit:
»I'm The Only One« (8/94 US 8)

Weitere Hits ausserhalb der Top10:
»Like The Way I Do« (1988)
»Bring Me Some Water«(1988)
»Chrome Plated Heart«(1988)
»Occasionally« (1988)
Rock

EUROPE

Joey Tempest v (★ 19.8.1963),
John Norum g,
John Leven b (★ 25.10.1963),
Kee Marcello g (★ 20.2.1960),
Michael Michaeli key (★ 11.11.1962),
Ian Haugland d (★ 13.8.1964),
Tony Reno d.

Die Schweden hatten mit »The Final Countdown« einen Welthit. Der Nachfolger »Carrie« war nicht mehr ganz so erfolgreich. Sänger Joey Tempest veröffentlichte 1995 ein Soloalbum (»A Place To Call Home«).

DIE ERFOLGREICHSTEN ALBEN:

»Wings Of Tomorrow (1985)
»The Final Countdown« (8/86 D-LP 6; 11/86 GB-LP 9, US-LP 8))
»Out Of This World« (8/88 D-LP 10, US-LP 19; 9/88 GB-LP 12)
»Prisoner In Paradise« (1995)

DIE TOP-10-HITS:

»The Final Countdown« (9/86 D 1; 11/86 GB 1; 1/87 US 8)
»Carrie« (8/87 US 3)

WEITERE HITS AUSSERHALB DER TOP 10:

»Rock The Night« (1986)
»Ninja«(1986)
»Open Your Heart«
»Tomorrow«
»Let The Good Times Rock«
HARD ROCK, ROCK

EURYTHMICS

Annie Lennox v/key/fl (★ 25.12.1954),

Dave Stewart g/key/syn (★ 9.9.1952).
1981 hatten Annie und Dave in Köln ihr erstes Album aufgenommen. Mit der Veröffentlichung der LP »Sweet Dreams« kam 1983 der Erfolg für das britische Synthie-Pop-Duo. Der gleichnamige Song erreichte Platz 1 in den USA, Platz 2 in Großbritannien und einen respektablen 4. Platz in Deutschland. Zahlreiche Top-10-Hits folgten. Die Soloprojekte von Lennox (»Diva«, 1992) und Stewart waren ebenfalls von Erfolg gekrönt.

Die erfolgreichsten Alben:
»Sweet Dreams Are Made Of This« (2/83 GB-LP 3; 5/83 US-LP 15, D-LP 6)
»Touch« (11/83 GB-LP 1; 12/83 D-LP 9; 2/84 US-LP 7)
»Be Yourself Tonight« (5/85 GB-LP 3, D-LP 8, US-LP 9)
»Revenge« (7/86 GB-LP 3, D-LP 5; 8/86 US-LP 12)
»Savage« (11/87 GB-LP 7)
»We Too Are One« (9/89 GB-LP 1, D-LP 4, US-LP 34)
»Eurythmics Greatest Hits« (3/91 GB-LP 1; 4/91 D-LP 1)
»Peace« (10/99 GB-LP 4; 11/99 D-LP 2)

Die Top-10-Hits:
»Sweet Dreams« (2/83 GB 2; 4/83 US 1, D 4)
»Love Is A Stranger« (4/83 GB 6)
»Who's That Girl?« (7/83 GB 3)
»Right By Your Side« (11/83 GB 10)
»Here Comes The Rain Again« (1/84 US 4, GB 8)
»Sexcrime 1984« (11/84 D 3, GB 4)
»Would I Lie To You?« (4/85 US 5)
»There Must Be An Angel« (7/85 D 4, GB 1)
»Sisters Are Doin' It For Themselves« (11/85 GB 9)
»Thorn In My Side« (9/86 GB 5)

Weitere Hits ausserhalb der Top 10:
»It's Alright« (1985)
»When Tomorrow Comes« (1986)

»Beethoven«
»You Placed The Chill In My Heart«, »Revival«
»Shame«
»Don't Ask Me Why«
»Angel«
»King And Queen Of America«
»Jennifer«
POP, ROCK

EVERYTHING BUT THE GIRL

Tracey Thorne v (★ 26.9.1962),
Ben Watt v/g/key (★ 6.12.1962).
1983 traten Tracey und Ben zum ersten Mal als Everything But The
Girl in Erscheinung. Von 1988 bis 1996 hatten sie insgesamt 4 Top-
10-Hits, darunter mit »Missing« wohl ihren bekanntesten.

DIE ERFOLGREICHSTEN ALBEN:
»Eden« (1984)
»Love Not Money« (4/85 GB-LP 10)
»The Language Of Life« (2/90 GB-LP 10)
»Home Movies - The Best Of Everything But The Girl« (5/93 GB-LP 5)
»Amplified Heart« (1994)
»Walking Wounded« (5/96 GB-LP 4; 6/96 US-LP 37)

DIE TOP-10-HITS:
»I Don't Want To Talk About It« (7/88 GB 3)
»Missing« (8/95 US 2; 10/95 GB 3; 12/95 D 1)
»Walking Wounded« (4/96 GB 6)
»Wrong« (6/96 GB 8)
ROCK, POP

FÄLTSKOG, AGNETHA

★ 5.4.1950. Die Sängerin der weltberühmten schwedischen Band Abba hatte mit »The Heat Is On« aus der LP »Wrap Your Arms Around Me« 1983 einen Sommerhit.
Mit ihren Soloprojekten hatte sie auch einige Auftritte im Deutschen Fernsehen.

DIE HITS:
»The Heat Is On« (1983)
»Wrap Your Arms Around Me« (1983)
»Can't Shake Loose« (1983)
»The Last Time«
POP

FAIRGROUND ATTRACTION

Eddi Reader v (★ 28.8.1959)
Mark Nevin g
Simon Edwards b
Roy Dodds d
Die Band um die schottische Sängerin Eddi Reader erreichte 1988 mit »Perfect« eine Nr. 1 in Großbritannien und in Deutschland Platz 5. Die Nachfolgesingle »Find My Love« kam im selben Jahr auf Platz 7 in Großbritannien. 1989 kam wegen persönlicher Differenzen das Aus für Fairground Attraction.

DIE ERFOLGREICHSTEN ALBEN:
»The First Of A Million Kisses« (5/88 GB-LP 2)
»Ay Fond Kiss«

DIE TOP-10-HITS:
»Perfect« (4/88 GB 1; 6/88 D 5)
»Find My Love« (7/88 GB 7)

»Walking After Midnight«
Rock, Pop

Faithful, Marianne

★ 29.12.1946. Marianne Faithful war bereits in den 60ern und 70ern erfolgreich. Hits wie »As Tears Go By« und »Come And Stay With Me« erreichten Kultstatus. »The Ballad Of Lucy Jordan« erreichte 1980 Platz 5 in Deutschland.

Das erfolgreichste Album:
»Broken English« (2/80 D-LP 4)
»The Secret Life« (1995)
»20th Century Blues« (1996)
»Vagabond Ways« (1999)

Der Top-10-Hit:
»The Ballad Of Lucy Jordan« (2/80 D 5)

Weitere Hits ausserhalb der Top 10:
»The Last Thing On My Mind«
»Alabama Song (1996)
»Don't Forget Me«
Pop

Faithless

Sister Bliss key,
Jamie Catto v,
Dido v (★ 25.12.1971),
Maxi Jazz rap, Rollo key.
Faithless kamen 1995 zusammen. Einige Gruppenmitglieder waren zuvor bereits musikalisch in Erscheinung getreten. Sister Bliss hatte

mit einem Song die Top 40 der GB-Charts erreicht, Rollo zusammen mit Freunden unter Felix den Disco-Knaller »Don't You Want Me« gemacht. Rollo gehört außerdem zu den gefragtesten Mixern und Produzenten dieses Erdballs.

Mit ihrem ersten Song »Insomnia«, was auf deutsch soviel wie »Schlaflosigkeit« bedeutet, stiegen sie hoch in die deutschen Charts ein. Die Nachfolgehits wurden auch in Großbritannien nachgefragt. Zwischendurch gehörte auch die wunderbare Dido zu Faithless.

DIE ERFOLGREICHSTEN ALBEN:
»Reverence« (11/96 GB-LP 26)
»Sunday 8PM« (10/98 GB-LP 10, D-LP 6)

DIE TOP-10-HITS:
»Insomnia« (5/96 D 2)
»Salva Mea« (9/96 D 5; 12/96 GB 9)
»Insomnia« (Remix) (10/96 GB 3)
»Reverence« (4/97 GB 10)
»God Is A DJ« (9/98 D 2, GB 6)

WEITERER HIT AUSSERHALB DER TOP 10:
»Don't Leave«
POP

FAITH NO MORE
Mike Patton v (★ 27.1.1968),
Jim Martin g (★ 21.7.1961),
Bill Gould b (★ 24.4.1963),
Roddy Bottum key (★ 1.7.1963),
Mike Bordin d (★ 27.11.1962),
Chuck Mosely v.
Diese amerikanische Hard-Rock-Band aus San Francisco setzte An-

fang der 90er Jahre mit »Epic« neue Maßstäbe. Dieser Song erreichte die Top 10 der US-Charts.

1998 löste sich die Gruppe wieder auf.

DIE ERFOLGREICHSTEN ALBEN:
»Angel Dust« (6/92 GB-LP 2, D-LP 8; 7/92 US-LP 10)
»King For A Day/Fool For A Lifetime« (3/95 GB-LP 5, D-LP 8; 4/95 US-LP 31)
»Album Of The Year« (6/97 GB-LP 7, D-LP 2)

DIE TOP-10-HITS:
»Epic« (6/90 US 9)
»Midlife Crisis« (6/92 GB 10)
»I'm Easy« (1/93 GB 3)

WEITERE HITS AUSSERHALB DER TOP 10:
»We Care A Lot« (1987)
»Ashes To Ashes«
»A Small Victory«
HARD ROCK, ROCK

FALCO
★ 19.2.1957; † 6.2.1998. Nachdem »Der Kommissar« 1982 eine Nr. 1 in Deutschland einheimste, gelang dem Österreicher Falco mit »Amadeus« ein Welthit.

Dieser Song erreichte die Spitze der Charts in Deutschland, den USA und in Großbritannien. Bis Ende der 80er hatte Falco weitere Hits. Danach wurde es ruhig um ihn.

Kurz vor der Jahrtausendwende kam das Musikgenie aus Austria, das bürgerlich Johann Hölzel hieß, bei einem tragischen Verkehrsunfall ums Leben.

DIE ERFOLGREICHSTEN ALBEN:
»Falco 3« (10/85 D-LP 2; 3/86 US-LP 3; 4/86 GB-LP 32)
»Emotional« (11/86 D-LP 1)
»Wiener Blut« (9/88 D-LP 9)

DIE TOP-10-HITS:
»Der Kommissar« (2/82 D 1)
»Rock Me Amadeus« (6/85 D 1; 2/86 GB 1, US 1)
»Vienna Calling« (9/85 D 4; 3/86 GB 10)
»Jeanny, Part 1« (12/85 D 1)
»The Sound Of Musik« (7/86 D 4)
»Coming Home« (Jeanny, Part 2) (10/86 D 1)
»Wiener Blut« (8/88 D 9)
»Out Of The Dark« (3/98 D 2)
»Egoist« (9/98 D 4)

WEITERE HITS AUSSERHALB DER TOP 10:
»Titanic«
»Satellite To Satellite«
»Untouchable«
»Body Next To Body« (mit Brigitte Nielsen)
»Junge Römer«
»Munich Girls«
»It's All Over Now, Baby Blue«
»America«
»Männer des Westens sind so«
»Nie mehr Schule«
POP, NEUE DEUTSCHE WELLE

FALTERMEYER, HAROLD

★ 5.10.1952. Der Münchener schaffte es, sich einen Namen in den USA zu machen. Bedeutende Künstler wie Barbara Streisand oder Patti LaBelle baten ihn um seine Mitarbeit.

Mit »Axel F.« hatte Faltermeyer 1985 einen großen Hit. Der Song platzierte sich in den US-Charts auf Platz 3 und kletterte in den britischen und deutschen Hitparaden jeweils um einen Platz höher. Der Song wurde zudem für einen Grammy nominiert.

DER TOP-10-HIT:
»Axel F.« (3/85 US 3; 5/85 GB 2, D 2)
DANCE, INSTRUMENTAL

FANCY
★ 7.7.1946. Fancy war zunächst als deutscher Schlagersänger wenig erfolgreich. »Chinese Eyes«, eine Disco-Nummer, erreichte jedoch 1984 Platz 9 der deutschen Charts. Er galt als guter Freund des Modezars Rudolf Mooshammer (1940-2005).

DER TOP-10-HIT:
»Chinese Eyes« (9/84 D 9)

WEITERE HITS AUSSERHALB DER TOP 10:
»Get Lost Tonight« (1984)
»Slice Me Nice«(1984)
»China Blue« (1989)
»Flames Of Love«
»No Tears«
»Fools Cry«
»Lady Of Love«
DISKO

FANTASTISCHEN VIER

Thomas D. v (★ 30.12.1968)
Dee Jot mix (★ 11.12.1967)
Smudo v (★ 6.3.1968)
Andy Y. Syn (★ 17.11.1967)

Die wohl geilste Band, die jemals aus Stuttgart kam, dürften die Fanta 4 sein. Die Karriere des Hip-Hop-Quartetts aus Schwaben begann 1991. Da erschien ihr erstes Album »Jetzt geht's ab«.
Richtig ab ging es dann im September 1992, als man sich überall zu »Die da« irgendwie schräg bewegte. Der Text war superwitzig, weil sie freitags eben nie da war. Die Fanta 4 haben sich über die Jahre musikalisch weiterentwickelt und sind die besten und beständigsten ihres Genres.

DIE ERFOLGREICHSTEN ALBEN:

»4 gewinnt« (9/92 D-LP 3)
»Lauschgift« (9/95 D-LP 2)
»4:99« (5/99 D-LP 1)

DIE TOP-10-HITS:

»Die da!?« (9/92 D 2)
»Sie ist weg« (9/95 D 1)
»Mit freundlichen Grüßen« (4/99 D 2)

WEITERE HITS AUSSERHALB DER TOP 10:

»Tag am Meer«
»Nur in deinem Kopf «
»Nen dicken Pulli«
»Hausmeister Thomas D.«
»Vier gewinnt«
»Saft, zu geil für diese Welt«
»Lass die Sonne rein«
»Buenos Dias Messias«

HIP HOP, RAP

FAR CORPORATION

Frank Farian (★ 18.7.1941),
Bobby Kimball v (★ 29.3.1947),
Steve Lukather g,
David Paich key (★ 25.6.1954),
Robin Auley v,
Curt Cress d,
Peter Bischof v,
Johan Daansen g.
Das Projekt des Erfolgsproduzenten Frank Farian stieg in die Top 10 der britischen Charts ein. »Stairway To Heaven«, eine Coverversion von Led Zeppelin, erreichte 1985 Platz 8 in Großbritannien.

DER TOP-10-HIT:
»Stairway To Heaven« (10/85 GB 8)
ROCK, POP

FARM

Roy Boulter d,
Steve Grimes g,
Peter Hooton v,
Carl Hunter b,
Ben Leach key,
Andy McVann d,
Keith Mullen g,
Phillip Strongman b.
Die Briten, die sich 1983 in Liverpool zusammengefunden hatten, zeichneten sich zunächst durch unglaublich viele Umbesetzungen aus. 1990 kam dann mit »Groovy Train« auch musikalisch Zählbares dabei heraus.

»All Together Now« erschien im selben Jahr und wurde zum größten Hit der Farm.

Das erfolgreichste Album:
»Spartacus« (3/91 GB-LP 1)

Die Top-10-Hits:
»Groovy Train« (9/90 GB 6)
»All Together Now« (12/90 GB 4; 2/91 D 5)

Weiterer Hit ausserhalb der Top 10:
»Don't You Want Me« (10/91 GB 18)
Rock, Pop

Farnham, John
★ 1.7.1949. In den 60ern hatte der Australier mit »Sadie The Cleaning Lady« einen großen Hit in »Down Under«. Mit der Little River Band feierte er Anfang der 80er Jahre weitere Erfolge. 1987 gelang ihm solo mit »You're The Voice« der große Coup. Der Song landete auf Platz 1 der deutschen Charts und auf Platz 6 in Großbritannien.

Die erfolgreichsten Alben:
»Whispering Jack« (3/87 D-LP 4; 7/87 GB-LP 35)
»Then Again ...« (1993)

Der Top-10-Hit:
»You're The Voice« (3/87 GB 6, D 1)

Weitere Hits ausserhalb der Top 10:
»Pressure Down« (1987)
»Reasons« (1987)
»Chain Reaction«
»That's Freedom«
Rock

FENDRICH, RAINHARD

★ 27.2.1957 in Wien. 1980 startete der österreichische Sänger, Moderator und Schauspieler seine Karriere. Er spielte eine Rolle im Musical »Jesus Christ Superstar«. 1981 gelang ihm mit »Strada Del Sole« der musikalische Durchbruch in seiner Heimat. »Schickeria« (1982) und »Es lebe der Sport« (1983) setzten sich auch in anderen deutschsprachigen Ländern durch. »Macho Macho«, Fendrichs wohl größter Hit, kam in die Top 10 der deutschen Hitparade. In den 90ern moderierte er die ARD-Flirtshow »Herzblatt«. Seine schönste CD ist wohl »Meisterstücke«. Dort lernt man den anderen, nachdenklichen Fendrich kennen. Wunderschöne Liebeslieder wie »Liebeslied«, »Manchmal denk I no an di«, »Laß di falln«, »Sonnen-untergänge« und »Weus'd a Herz hast wia Bergwerk« wechseln ab mit Bekanntem wie etwa »Haben Sie Wien schon bei Nacht gesehen?« oder »Vü schöner is des G'fühl«. »Was wär', wenn wir die feinen Damen nicht hätten?«, »Tango corrupti« und »Oben ohne« sind ebenso sehr beachtenswerte Songs des österreichischen Multitalents.

DER TOP-10-HIT:
»Macho Macho« (7/88 D 2)
POP

FERRY, BRYAN

★ 26.9.1945. Der Gründer von Roxy Music (»Jealous Guy«) hatte solo mit »Slave To Love« 1985 einen Top-10-Hit in den britischen Charts. Vielleicht entstand die schöne Melancholie, die sich wie ein Schleier über seine Songs legte, dadurch, dass Mick Jagger ihm Jerry Hall ausgespannt hatte.

DIE ERFOLGREICHSTEN ALBEN:
»Boys And Girls« (6/85 GB-LP 1, D-LP 9)
»Bete Noir« (11/87 GB-LP 6)
»Taxi« (4/93 GB-LP 2)

»As Time Goes By« (11/99 GB-LP 16)

DER TOP-10-HIT:
»Slave To Love« (5/85 GB 10)

WEITERE HITS AUSSERHALB DER TOP 10:
»Valentine« (1985)
»Don't Stop The Dance« (1985)
»Boys And Girls« (1985)
»Is Your Love Strong Enough«
»Will You Still Love Me Tomorrow«
ROCK

FETTES BROT
Doktor Renz rap,
König Boris rap,
Schiffmeister rap.
Die Jungs aus Pinneberg mit dem lustigen Bandnamen machten ab 1994 Rap. Nach einem relativ erfolglosen Album und drei ebenso zu bezeichnenden Singles kamen sie 1995 mit »Nordisch By Nature« (9/95 D 17) zum ersten Mal in die Charts. »Jein« wurde dann ein Jahr später der erste Top-10-Hit für das fette Brot. Mit »Silberfische in meinem Bett« gelang ihnen ein weiterer schöner Song.

DIE ERFOLGREICHSTEN ALBEN:
»Außen Top-Hits, innen Geschmack« (10/96 D-LP 10)
»Fettes Brot lässt grüßen« (10/98 D-LP 9)

DER TOP-10-HIT:
»Jein« (4/96 D 10)

WEITERER HIT AUSSERHALB DER TOP 10:
»Lieblingslied«
HIP HOP, RAP

FIALKA, KAREL

Der in Indien geborene Sohn einer Schottin und eines Tschechen veröffentlichte 1980 seine erste LP. Mit »Hey Matthew«, einem Song, bei dem sich ein Vater mit seinem kleinen Sohn über das Fernsehen unterhält, landete er seinen einzigen Top-10-Hit. Danach widmete er sich der Folkmusik.

DER TOP-10-HIT:
»Hey Matthew« (9/87 GB 9)
POP

FICTION FACTORY

Kevin Patterson v,
Chic Medley g,
Graham McGregor b,
Eddie Jordan key,
Mike Ogletree d.
Mit dem Synthie-Pop-Song »Feels Like Heaven« erreichten Fiction Factory Platz 6 in Großbritannien.

DAS ALBUM:
»Throw The Warped Wheel Out« (1984)

DER TOP-10-HIT:
»(Feels Like) Heaven« (1/84 GB 6; 3/84 D 10)
ELEKTRO-POP

FINE YOUNG CANNIBALS

Roland Gift v (★ 28.5.1962),
Andy Cox g (★ 25.1.1960),
David Steele key (★ 8.9.1960).
Die Band mit dem ungewöhnlichen Namen hatte in den 80ern fünf
Top-Ten-Hits in Großbritannien. »She Drives Me Crazy« und »Good
Thing« wurden Nr. 1-Hits in den USA.

DIE ERFOLGREICHSTEN ALBEN:

»The Raw And The Cooked« (2/89 GB-LP 1;D-LP 3; 3/89 US-LP 1)
»The Finest« (11/96 GB-LP 10)

DIE TOP-10-HITS:

»Johnny Come Home« (6/85 GB 8)
»Suspicious Minds« (1/86 GB 8)
»Ever Fallen In Love« (3/87 GB 9)
»She Drives Me Crazy« (1/89 D 2, US 1, GB 5)
»Good Thing« (4/89 D 8, US 1, GB 7)

WEITERE HITS AUSSERHALB DER TOP 10:

»Don't Look Back«
»It's Okay«
ROCK, POP

FISH

★ 25.4.1958. Dem Sänger von Marillion gelangen auch solo einige
feine Songs. »A Gentleman's Excuse Me«, »Internal Exile«, »Big
Wedge« und »Credo« sind da zuvorderst zu nennen.
POP, ROCK

FIVE STAR

Doris (★ 8.6.1966),
Lorraine (★ 10.8.1967),
Stedman (★ 29.6.1964),
Deniece (★ 13.6.1968) und Delroy (★ 11.4.1970) Pearson.
Die britische Band, bestehend aus fünf Familienmitgliedern, war regelmäßig in den britischen Charts vertreten. »System Addict« ist vielleicht der bekannteste ihrer Songs.

DIE ERFOLGREICHSTEN ALBEN:

»Silk And Steel« (8/86 GB-LP 1)
»Between The Lines« (9/87 GB-LP 7)

DIE TOP-10-HITS:

»System Addict« (1/86 GB 3)
»Can't Wait Another Minute« (4/86 GB 7)
»Find The Time« (7/86 GB 7)
»Rain Or Shine« (9/86 GB 2)
»Stay Out Of My Life« (2/87 GB 9)
»The Slightest Touch« (4/87 GB 4)

MIDDLE OF THE ROAD

FLACK, ROBERTA

★ 10.2.1937. Die Amerikanerin aus North Carolina entstammt einer sehr musikalischen Familie. Sie studierte Musik. Anfang der 70er Jahre hatte sie mit »The First Time Ever I Saw Your Face« eine Nr. 1 in den USA. »Killing Me Softly With His Song«, in den 90ern ein erfolgreicher Cover-Song für die Fugees, wurde 1973 ihr zweiter Nr. 1-Hit.

In den 80ern und 90ern gelangen ihr drei weitere Top-10-Hits.

DIE ERFOLGREICHSTEN ALBEN:

»Softly With These Songs – The Best Of Roberta Flack« (2/94 GB-LP 7)

Die Top-10-Hits:

»Back Together Again« (5/80 GB 3)
»Tonight, I Celebrate My Love« (8/83 GB 2)
»Set The Night To The Music« (9/91 US 6)
Soft Soul

Flash & The Pan

George Young (★ 6.11.1947),
Harry Vanda (★ 22.3.1947).
Die beiden ehemaligen Easybeats hatten mit »Midnight Man« einen
Platz 7 in Deutschland.

Die Top-10-Hits:

»Waiting For A Train« (5/83 GB 7)
»Midnight Man« (4/85 D 7)

Weitere Hits ausserhalb der Top 10:

»Early Morning Wake Up Call« (7/85 D 26) +
»Ayla« (11/87 D 26)
Elektro-Pop

Fleetwood Mac

Peter Green g (★ 24.6.1942)
Mick Fleetwood d (★ 24.6.1942)
John McVie b (★ 26.11.1945)
Jeremy Spencer g (★ 4.7.1948)
Christine McVie key (★ 12.7.1943)
Danny Kirwan g (★ 13.3.1950)
Bob Welch g (★ 31.7.1946)
Lindsey Buckingham g (★ 3.10.1947)
Stevie Nicks v (★ 26.5.1948)
Billy Burnette g (★ 7.5.1953)

Rick Vito v (★ 1950).

Mit »Albatross« landeten Fleetwood Mac ihren ersten Nr. 1-Hit in Großbritannien. Ein wunderschöner Song, bei dem man abschalten, in andere Welten eintauchen kann. In den 70er Jahren hatten sie mit der LP »Rumors« weltweiten Erfolg. »Hold Me«, »Big Love« und »Little Lies« waren weitere Top-10-Hits in den 80ern. Einzelne Mitglieder begannen anschließend Solokarrieren. 1998 wurden Fleetwood Mac in die Rock and Roll Hall Of Fame aufgenommen.

DIE ERFOLGREICHSTEN ALBEN:
»Mirage« (7/82 GB-LP 5, US-LP 1, D-LP 12)
»Tango In The Night« (4/87 GB-LP 1, D-LP 2; 5/87 US-LP 7)
»Greatest Hits« (12/88 GB-LP 3, US-LP 14, D-LP 9 – achtfach Platin)
»Behind The Mask« (4/90 GB-LP 1, US-LP 18, D-LP 4)

DIE TOP-10-HITS:
»Hold Me« (6/82 US 4)
»Oh Diane« (12/82 GB 9)
»Big Love« (3/87 US 5, GB 9)
»Little Lies« (8/87 US 4, GB 5; 10/87 D 3)
»Everywhere« (4/88 GB 4)

WEITERE HITS AUSSERHALB DER TOP 10:
»Say You Love Me«
»Rhannon«
»Don't Stop«
»Family Man«
»You Can Go Your Own Way«
»Love Shines«
»Save Me«

ROCK, BLUES, WEST COAST

FLIRTS

Christina Criscione v,
Andrea Del Conte v,
Debra Gaynor v,
Christie Angelica Muhaw v,
Hope Rayman v,
Rebecca Sullivan v.

Die von Bobby Orlando geschriebenen Disko-Nummern katapultierten die attraktiven Damen in den 80er-Jahren in die Deutschen Charts. Man konnte gut darauf abtanzen. Das war's.

DER TOP-10-HIT:
»Passion« (2/83 D 4)

WEITERER HIT AUSSERHALB DER TOP 10:
»Helpless« (Platz 13 in den deutschen Charts)
DISKO

FLYING PICKETS

Gareth Williams,
David Brett,
Ken Gregson,
Red Stripe (★ 4.3.1946),
Rick Lloyd.

Das »A-cappella«-Stück »Only You« erreichte 1983 Platz 1 in Großbritannien und Deutschland. Den Erfolg, den die Briten mit diesem gefühlvollen Soft-Pop-Song hatten, konnten sie nicht wiederholen. Mit »When You're Young And In Love« gelang ihnen ein weiterer Top-10-Hit, so dass man nicht von einem One-Hit-Wonder sprechen kann.

DAS ERFOLGREICHSTE ALBUM:
»Lost Boys« (6/84 GB-LP 11)

DIE TOP-10-HITS:
»Only You« (11/83 D 1, GB 1)
»When You're Young And In Love« (4/84 GB 7)
SOFT POP

FOGERTY, JOHN

★ 28.5.1945. Dem Kopf von Creedence Clearwater Revival gelang 1984 mit »The Old Man Down The Road« ein Top-10-Erfolg in den USA.

DAS ERFOLGREICHSTE ALBUM:
»Centerfield« (1/85 US-LP 1; 2/85 D-LP 23)

DER TOP-10-HIT:
»The Old Man Down The Road« (12/84 US 10)
ROCK

FOOL'S GARDEN

Peter Freudenthaler v/p (★ 19.2.1963),
Volker Hinkel v/g (★ 21.6.1965),
Thomas Mangold b (★ 25.9.1965),
Roland Röhl key (★ 6.4.1971),
Ralf Wochele d (★ 23.2.1968).
Die Band aus Pforzheim gehörte zu den musikalischen Newcomern des Jahres 1995 schlechthin. Mit »Lemon Tree« aus dem Album »Dish Of The Day« (12/95 D-LP 1) landeten sie auf Anhieb eine Nr. 1 in den Deutschen Charts.

DIE ERFOLGREICHSTEN ALBEN:
»Once In A Blue Moon« (1994)
»Dish Of The Day« (12/95 D-LP 1)

DER TOP-10-HIT:
»Lemon Tree« (12/95 D 1)

WEITERE HITS AUSSERHALB DER TOP 10:
»Wild Days«
»Why Did She Go?«
»Pieces«
POP

FORD, LITA
★ 23.9.1959. Lita begann ihre Karriere in einer Mädchen-Hardrock-Band. Dort spielte sie Gitarre. Ab 1984 erschienen Soloprojekte von Lita. Vier Jahre später kam der Erfolg.

DAS ERFOLGREICHSTE ALBUM:
»Lita« (2/88 US-LP 29)

DER TOP-10-HIT:
»Close My Eyes Forever« (3/89 US 8)

WEITERE HITS AUSSERHALB DER TOP 10:
»Back To The Cadge«
»Only Women Bleed«
»Lisa«
HARD ROCK

FOREIGNER
Lou Gramm v (★ 2.5.1950)
Mick Jones g (★ 27.12.1944)
Ian McDonald g/key (★ 25.6.1946)
Rick Wills b
Dennis Elliott d (★ 18.8.1950)

Ed Gagliardi b (★ 13.2.1952)
Al Greenwood key
John Edwards v

Die aus Amerikanern und Briten bestehende Gruppe hatte in den 80ern ihre größten Erfolge. »I Want To Know What Love Is« wurde ein Nr. 1-Hit in Großbritannien und den Vereinigten Staaten. Foreigner verkauften Platten in zweistelliger Millionenhöhe. Zu ihren bedeutendsten Songs gehört »Cold As Ice« aus dem Jahre 1977.

Alle Frauen, die eiskalt über Männerherzen hinwegfegen, garantierten Foreigner, dass sie eines Tages den Preis zu bezahlen hätten.

DIE ERFOLGREICHSTEN ALBEN:
»4« (7/81 US-LP 1, GB-LP 5; 8/81 D-LP 4)
»Foreigner Records« (12/82 US-LP 10, D-LP 22)
»Agent Provocateur« (12/84 GB-LP 1, D-LP 1; 1/85 US-LP 4)
»Inside Information« (1/85 US-LP 15; 1/88 D-LP 7)
»The Very Best ... And Beyond« (10/92 US-LP 23)

DIE TOP-10-HITS:
»Urgent« (7/81 US 4)
»Waiting For A Girl Like You«(10/81 US 2; 12/81 GB 8)
»I Want To Know What Love Is« (12/84 D 3, GB 1, US 1)
»Say You Will«(12/87 US 6)
»I Don't Want To Live Without You« (3/88 US 5)

WEITERE HITS AUSSERHALB DER TOP 10:
»That Was Yesterday«(1984)
»Dirty White Boy«
»I Keep Hoping«(1995)
ROCK

FOUR NON BLONDES

Christa Hillhouse v/b,
Louis Metoyer g,
Linda Perry v/g,
Dawn Richardson d, Roger Rocha g.

Anfang 1993 erschien das Debütalbum dieser Band aus San Francisco. »What's Up« wurde auf Anhieb eine Nr. 1 in den deutschen Charts. In Großbritannien kletterte der Song auf Platz 2.

Die einzigartig kräftige Stimme von Linda Perry zeichnete sich mitverantwortlich für diesen phänomenalen Erfolg.

DAS ERFOLGREICHSTE ALBUM:
»Bigger, Faster, More!« (4/93 US-LP 13; 7/93 GB-LP 4; 8/93 D-LP 1)

DER TOP-10-HIT:
»What's Up« (6/93 D 1, GB 2)

WEITERER HIT AUSSERHALB DER TOP 10:
»Spaceman«
ROCK

FOUR THE CAUSE

BJ v.,
J-Man v.,
Miss Lady v.,
Shorty v.

Die Jugendlichen aus Chicago hatten mit der Neuaufnahme von Ben E. Kings »Stand By Me« in Deutschland einen Riesenhit.

Im Herbst 1998 kam der Titel auch in die Top 20 der GB-Charts.

DER TOP-10-HIT:
»Stand By Me« (4/98 D 2)
POP, SOUL

FOUR TOPS

Levi Stubbs (★ 1938)
Renaldo Benson (★ 1937)
Abdul Fakir (★ 26.12.1935)
Lawrence Payton (★ 1938) alle v
Die Amerikaner, die bereits in den 60ern und 70ern etliche Top-10-Hits gehabt hatten, landeten mit »Loco In Acapulco« aus dem Film »Buster« 1988 ein Top-10-Hit in Großbritannien.

DIE TOP-10-HITS:

»When She Was My Girl« (10/81 GB 3)
»Loco In Acapulco« (12/88 GB 7)

WEITERER HIT AUSSERHALB DER TOP 10:

»Indestructible«
SOUL, MOTOWN, RHYTHM & BLUES

FOX, SAMANTHA

★ 15.4.1966. Das britische Pin-up-girl landete in den 80ern einen Hit nach dem anderen. Alle kamen in die Top 10 der amerikanischen, britischen und deutschen Charts. Einige davon sogar zeitgleich.

DAS ERFOLGREICHSTE ALBUM:

»Touch Me« (7/86 GB-LP 17; 8/86 D-LP 9; 11/86 US-LP 24)

DIE TOP-10-HITS:

»Touch Me (I Want Your Body)« (3/86 D 4, GB 3; 11/86 US 4)
»Do Ya Do Ya (Wanna Please Me)« (6/86 D 5, GB 10)
»Nothing's Gonna Stop Me Now« (3/87 GB 8; 6/87 D 6)
»Naughty Girls (Need Love Too)« (2/88 US 3)
»I Wanna Have Some Fun« (11/88 US 8)

»I Want You To Want Me«
»Another Woman«
»Hold On Tight«
»I Only Wanna Be With You«
»It's Only Love«
POP

FOX THE FOX

Berth Tamaela v/g,
Silhouette Musmin v/key,
Kier van de Werf g,
Gino Jansen b,
Han Langkamp d,
Roy Kushel key.
Die Niederländer erreichten mit »Precious Little Diamonds« 1984 einen Platz 5 in den deutschen Charts.

DER TOP-10-HIT:
»Precious Little Diamonds« (7/84 D 5)

WEITERER HIT AUSSERHALB DER TOP 10:
»Flirting And Showing«
POP

FRL. MENKE

Franziska Menke v/key (★ 4.11.1960) trug mit »Hohe Berge«, »Traumboy« und »Tretboot in Seenot« gleich drei Hits zur Neuen Deutschen Welle bei. Während der erste in den Top 10 landete, platzierten sich die beiden anderen in den Top 40. In den 90ern wechselte Frl. Menke ins Schlagerfach.

»Hohe Berge« (5/82 D 10)
NEUE DEUTSCHE WELLE

FRANKIE GOES TO HOLLYWOOD

Holly Johnson v (★ 9.2.1960),
Paul Rutherford v (★ 8.12.1959),
Mark O'Toole b (★ 6.1.1964),
Peter Gill d (★ 8.3.1964),
Brian Nash g (★ 20.5.1963).

Die Briten hatten mit »Relax« eine Nr. 1 in den deutschen und britischen Charts. In den USA enterte die Nummer nach der Ausstrahlung des Films »Police Academy« die Top 10 der Charts. »Two Tribes« schaffte den Sprung an die Spitze der deutschen Hitparade. Der Schmusesong »The Power Of Love« wurde eine Nr. 1 in Großbritannien und immerhin ein Platz 4 in Deutschland.

Bei »Rage Hard« waren die Chartplatzierungen gerade umgekehrt. Platz 1 in Deutschland und Platz 4 in Großbritannien.

1987 wurde die Band offiziell aufgelöst. Holly Johnson, der Kopf von Frankie Goes To Hollywood, war solo mit »Americanos« erfolgreich.

DIE ERFOLGREICHSTEN ALBEN:
»Welcome To The Pleasuredome« (11/84 GB-LP 1, US-LP 33, D-LP 4)
»Liverpool« (11/86 GB-LP 5, D-LP 5)
»Bang! The Greatest Hits Of Frankie Goes To Hollywood« (10/93 GB-LP 4; 11/93 D-LP 8)

DIE TOP-10-HITS:
»Relax« (11/83 GB 1; 1/85 US 10; 10/85 GB 5)
»Two Tribes« (6/84 D 1, GB 1)
»The Power Of Love« (12/84 D 4, GB 1; 12/93 GB 10)
»Welcome To The Pleasuredome« (3/85 GB 2; 4/85 D 9)
»Rage Hard« (9/86 D 1, GB 4)

»Warriors (Of The Wasteland)« (12/86 D 7)

WEITERER HIT AUSSERHALB DER TOP 10:
»Watching The Wildlife« (1986)
ELEKTRO-POP, ROCK

FRANKLIN, ARETHA
★ 25.3.1942. In den 60er und 70er Jahren hatte die »Queen Of Soul« Millionenseller. Für die 80er hatte man sie nicht mehr auf der Rechnung. Mit »Freeway Of Love«, »Who's Zooming Who«, »Sisters Are Doin' It For Themselves« und »A Deeper Love« gelangen ihr jedoch vier Top-10-Hits, im Duett mit George Michael mit »I Knew You Were Waiting For Me« sogar eine Nr. 1 in Großbritannien und den USA.

DIE ERFOLGREICHSTEN ALBEN:
»Who's Zoomin' Who?« (7/85 US-LP 13)
»Greatest Hits (1980-1994) (3/94 US-LP 85, GB-LP 27)

DIE TOP-10-HITS:
»Freeway Of Love« (6/85 US 3)
»Who's Zoomin' Who?« (9/85 US 7)
»Sisters Are Doin' It For Themselves« (11/85 GB 9)
»I Knew You Were Waiting For Me« (1/87 GB 1, US 1, D 5)
»A Deeper Love« (2/94 GB 5)

WEITERE HITS AUSSERHALB DER TOP 10:
»Jumpin' Jack Flash« (1986)
»You Make Me Feel (Like A Natural Woman)« (1994)
POP, SOUL, RHYTHM & BLUES

FREUNDESKREIS

DJ Friction rap (★ 22.5.1970)
Max Herre rap (★ 22.4.1973)
Philippe Kayser key/rap (★ 21.12.1959)
Ahmed Sekou Neblett rap (★ 16.7.1971)
Neben den Fanta 4 versuchten sich Freundeskreis in der Rap- und Hip-Hop-Szene zu etablieren. Zunächst wollte das nicht so richtig funktionieren. Mit »A-N-N-A« sollte sich alles ändern. Ein wunderschöner Song, der die Top 10 in Deutschland locker enterte.

DAS ERFOLGREICHSTE ALBUM:
»Esperanto« (5/99 D-LP 3)

DIE TOP-10-HITS:
»A-N-N-A« (7/97 D 6)
»Mit dir« (7/99 D 9)

WEITERER HIT AUSSERHALB DER TOP 10:
»Halt dich an deiner Liebe fest«
HIP HOP, RAP

FREY, GLENN

★ 6.11.1948; † 18.01.2016. Eines der Gründungsmitglieder der Eagles war auch solo sehr erfolgreich. Er schrieb Musik für zwei Fernsehserien, »Beverly Hills Cop« und »Miami Vice«, mit denen ihm zwei Top-10-Hits gelangen. In »Miami Vice« übernahm er auch eine Rolle.

DIE ERFOLGREICHSTEN ALBEN:
»No Fun Allowed« (6/82 US-LP 32)
»The Allnighter« (7/84 US-LP 22; 7/85 GB-LP 31)
»Strange Weather« (1992)

DIE TOP-10-HITS:
»The Heat Is On« (12/84 US 2; 4/85 D 4)
»You Belong To The City« (9/85 US 2)

WEITERE HITS AUSSERHALB DER TOP 10:
»Love In The 21st Century«
»Smuggler's Blues«
»Part Of Me, Part Of You«
ROCK, WEST COAST

FRIDA
★ 15.11.1945. Mit Abba hatte die norwegische Sängerin, die eigentlich Frida Lyngstad heißt, Welterfolge. Als Solistin erreichte sie mit dem von Phil Collins produzierten Song »I Know There's Something Going On« Platz 5 der deutschen Charts. Sie heiratete einen deutschen Prinzen und lebt mit ihm in der Schweiz.

DAS ALBUM:
»Djupa Andetag« (1997)

DER TOP-10-HIT:
»I Know There's Something Going On« (9/82 D 5)

WEITERE HITS AUSSERHALB DER TOP 10:
»Baby Don't You Cry No More« (1982)
»To Turn The Stone« (1983)
»Come To Me« (1984)
POP, MIDDLE OF THE ROAD

FUN FACTORY

Stephan Browarezyk rap,
Toni Cottura key/rap dj,
Rodney Hardison rap,
Marie-Anett Mey v.

Das multikulturelle Bandprojekt hatte mit »Doh Wah Diddy« (1/96 D 6) einen Top-10-Hit. Als Dance-Act beherrschte die Fun Factory die Szene Anfang bis Mitte der 90er Jahre mit.

1997 brachte Toni Cottura, so etwas wie der Kopf der Band, seine erste Soloplatte auf den Markt. Wenig später löste sich die Fun Factory auf.

DER TOP-10-HIT:
»Doh Wah Diddy« (1/96 D 6)

WEITERE HITS AUSSERHALB DER TOP 10:
»Close To You«
»I Love You«
»Take Your Chance«
»I Wanna Be With You«
DANCE

G., KENNY

★ 1959. Obwohl bekannt war, dass Kenny G. aus Seattle des Saxophonspielens mächtig war, studierte er mit Rechnungswesen zunächst etwas »Vernünftiges«. »Songbird« erreichte Platz 4 der US-Charts. Als gefragter Studiomusiker konnte er langsam aber sicher seine auswendig gelernten Handelskalkulationsschemen wieder vergessen. Sein Album »Breathless« verkaufte sich mehr als 10 Millionen Mal.

DIE ERFOLGREICHSTEN ALBEN:
»G Force« (3/84 US-LP 62)
»Gravity« (6/85 US-LP 97)

»Duotones« (9/86 US-LP 6; 8/97 GB-LP 28)
»Silhouettes« (10/88 US-LP 8)
»Live« (12/89 US-LP 16)
»Breathless« (12/92 US-LP 2; 5/93 GB-LP 4)
»Miracles – The Holiday Album« (11/94 US-LP 1)
»The Moment« (10/96 US-LP 2, GB-LP 19)
»Greatest Hits« (12/97 US-LP 19)
»Faith: A Holiday Album« (12/99 US 6)

DIE TOP-10-HITS:
»Songbird« (4/87 US 4)
»Auld Lang Syne«(12/99 US 7)

JAZZ, POP, INSTRUMENTAL

GABRIEL, PETER
★ 13.2.1950. Der ehemalige Sänger von Genesis hatte auch solo Welt-erfolge. »Sledgehammer« erreichte Platz 1 in den USA. 1990 bekam er einen Grammy für seine Musik »Passion – Music For The Last Temptation Of Christ«. Nebenbei kämpft Peter Gabriel unermüd-lich durch das Ausrichten von Benefizkonzerten und persönliches Engagement bei aktuellen Problemen für eine bessere und gerechtere Welt. 1992 gründete Gabriel seine eigene Plattenfirma Real World.

DIE ERFOLGREICHSTEN ALBEN:
»Peter Gabriel« (6/80 GB-LP 1, US-LP 22, D-LP 9)
»Peter Gabriel (Security) (9/82 GB-LP 6; 10/82 US-LP 28)
»Peter Gabriel Plays Live« (6/83 GB-LP 8; 7/83 D-LP 40)
»So« (5/86 GB-LP 1; 6/86 US-LP 2, D-LP 2)
»Shaking The Tree« – Sixteen Golden Greats« (12/90 US-LP 48)
»Us« (10/92 GB-LP 2, US-LP 2, D-LP 1)
»Secret World Live« (9/94 GB-LP 10, D-LP 8; 10/94 US-LP 23)

Die Top-10-Hits:

»Games Without Frontiers« (2/80 GB 4)
»Sledgehammer« (4/86 D 7, US 1, GB 4)
»Big Time« (11/86 US 8)
»Don't Give Up« (11/86 GB 9)
»Steam« (2/93 GB 10)

Weitere Hits ausserhalb der Top 10:

»Biko« (1980)
»I Don't Remember« (1980)
»Red Rain«
»Salsbury Hill«
»Lovetown«, »Diggin In The Dirt«
»Shakin The Tree«

Rock

Gabrielle

★ 16.4.1970. Gabrielle hat eine Augenklappe als Markenzeichen. Von 1993 bis 1999 hatte sie fünf Top-10-Hits. »Dreams« war der erfolgreichste darunter.

Die erfolgreichsten Alben:

»Find Your Way« (10/93 GB-LP 9)
»Rise« (10/99 GB-LP 1)

Die Top-10-Hits:

»Dreams« (6/93 GB 1)
»Going Nowhere« (10/93 GB 9)
»Give Me A Little More Time« (2/96 GB 5)
»Walk On By« (2/97 GB 7)
»Sunshine« (10/99 GB 10)

Pop

GALL, FRANCE

★ 9.10.1947. Die französische Sängerin gewann 1965 den Grand Prix für ihr Heimatland. Im selben Jahr hatte sie mit »Poupée De Cire, Poupée De Son« eine Nr.2 in Deutschland. »Ella Elle L'a«, eine Hommage an Ella Fitzgerald, erreichte 1988 Platz 1 der deutschen Hitparade.

DAS ERFOLGREICHSTE ALBUM:
»Babacar« (6/88 D-LP 7)

DER TOP-10-HIT:
»Ella Elle L'a« (4/88 D 1)

WEITERER HIT AUSSERHALB DER TOP 10:
»Babacar« (7/88 D 14)
POP, SCHLAGER, GRAND PRIX

GAP BAND

Charles v,
Ronnie tr/key,
Robert Wilson b.
»I'm Gonna Love You, Each And Every Day«. Die Textzeile aus »Big Fun« versprach der Angebeteten Vieles, wenn nicht gar alles.

Leider blieb es der einzige große Hit für die Gap Band. Der Song erreichte Platz 4 in Großbritannien.

DIE TOP-10-HITS:
»Oops Up Side Your Head« (7/80 GB 6)
»Big Fun« (12/86 GB 4)
FUNK, RHYTHM & BLUES

195

GARDINER, BORIS

★ 13.1.1949. Der in Jamaika geborene Gardiner wurde bereits 1970 mit einem Instrumentaltitel in den britischen Charts notiert.

Die Geringschätzung seiner Kunst gegenüber fand darin Ausdruck, dass man seinen Namen ständig falsch schrieb.

16 Jahre später gelang ihm mit »I Want To Wake Up With You« Platz 1 in Großbritannien. Plötzlich schrieb man seinen Namen richtig.

DER TOP-10-HIT:
»I Want To Wake Up With You« (7/86 GB 1)

WEITERER HIT AUSSERHALB DER TOP 10:
»You're Everything To Me«
REGGAE

GAZEBO

★ 18.2.1960. Mit »I Like Chopin« hatte der Italiener weit über die Landesgrenzen hinaus großen Erfolg. 1984 landete »Lunatic« einen Platz 4 in Deutschland. Danach verschwand der Mann, der sich blendend in französischer Literatur auskannte, wieder von der Bildfläche.

DAS ERFOLGREICHSTE ALBUM:
»Gazebo« (9/83 D-LP 4)

DIE TOP-10-HITS:
»I Like Chopin« (8/83 D 1)
»Lunatic« (12/83 D 4)
DISKO

GEILS, J. BAND
Jerome Geils g (★ 20.2.1946),
Peter Wolf v (★ 7.3.1946),
Seth Justman key/v (★ 27.1.1951),
Magic Dick harm (★ 13.5.1945),
Stephen Jo Bladd d/v (★ 13.7.1942),
Danny Klein b (★ 13.5.1946).
»My Angel Lives In The Centerfold«. Vielleicht hätten einige Männerma-
gazine diese Band auf ihre Werbeveranstaltungen einladen sollen.
Der Song erreichte jedenfalls Platz 1 der US-Charts.

DIE ERFOLGREICHSTEN ALBEN:
»Freeze-Frame« (11/81 US-LP 1; 2/82 GB-LP 12; 3/82 D-LP 13)

DIE TOP-10-HITS:
»Centerfold«(11/81 US 1; 2/82 GB 3)
»Freeze-Frame«(2/82 US 4)
ROCK

GELDOF, BOB
★ 5.10.1954. Der Sänger der Boomtown Rats hatte mit »This Is
The World Calling«, »Great Song Of Indifference« und »Love Or
Something« drei Hits.
ROCK

GENESIS
Peter Gabriel v (★ 13.5.1950),
Anthony Philips g/v,
John Mayhew d,
Tony Banks key (★ 27.3.1951),
Chris Stewart d,
Mike Rutherford b/g/v (★ 2.10.1950),

Phil Collins d/v (★ 31.1.1951),
Steve Hackett g (★ 12.2.1950).
Die Genesis der 80er Jahre hatten nichts mehr mit Peter Gabriel zu tun. Der Sänger war Mitte der 70er Jahre ausgestiegen, sein Nachfolger wurde der Drummer der Band, Phil Collins. Dem Erfolg tat dies keinen Abbruch. Ganz im Gegenteil. Genesis hatten zahlreiche Top-10-Hits in den USA und in Großbritannien.
Als Phil Collins 1996 ausstieg, wurde Ray Wilson von Stiltskin als neuer Sänger präsentiert. Ende 1999 waren Genesis am Ende. Die Plattenfirma verweigerte der Gruppe ein weiteres Album.

DIE ERFOLGREICHSTEN ALBEN:

»Duke« (4/80 GB-LP 1, D-LP 2, US-LP 11)
»Abacab« (9/81 GB-LP 1; 10/81 US-LP 7, D-LP 6)
»Three Sides Live« (6/82 GB-LP 2, US-LP 10, D-LP 22)
»Genesis« (10/83 GB-LP 1, D-LP 1, US-LP 9)
»Invisible Touch« (6/86 GB-LP 1, D-LP 2, US-LP 3)
»We Can't Dance« (11/91 GB-LP 1, D-LP 1, US-LP 4)
»Turn It On Again« – Best 81-83« (3/92 D-LP 8)
»Live – The Way »We Walk«
        Volume I: The Shorts« (11/92 GB-LP 3, D-LP 2;
        12/92 US-LP 35)
»Live – The Way We Walk
        Volume II: The Longs« (1/93 GB-LP 1, D-LP 2;
        2/93 US-LP 20)
»Calling All Stations« (9/97 D-LP 2, GB-LP 2)
»Turn It On Again« – The Hits « (11/99 GB-LP 4, D-LP 1)

DIE TOP-10-HITS:

»Turn It On Again« (3/80 GB 8)
»Abacab« (8/81 GB 9)
»3x3 EP« (5/82 GB 10)
»Mama« (9/83 GB 4, D 4)
»That's All« (11/83 US 6)

»Invisible Touch« (5/86 US 1)
»Throwing It All Away« (8/86 US 4)
»Land Of Confusion« (11/86 D 7, US 4)
»Tonight, Tonight, Tonight« (2/87 US 3)
»In Too Deep« (4/87 US 3)
»No Son Of Mine« (11/91 GB 6, D 3)
»I Can't Dance« (1/92 GB 7, US 7, D 4)
»Invisible Touch Live« (11/92 GB 7)

WEITERE HITS AUSSERHALB DER TOP 10:
»Never A Time«
»Lamb Lies Down«
»Home By The Sea«
»Hold On My Heart«
»Jesus He Knows Me«
»Tell Me Why«
»Congo«
POP, ROCK

GEORGE, SOPHIA

Die Jamaikanerin erreichte mit »Girlie ... Girlie« 1985 Platz 7 in den britischen Charts. In Deutschland kam die Pop-Reggae-Nummer immerhin in die Top 20. Danach ward sie nicht mehr in der Musikszene gesehen.

DER TOP-10-HIT:
»Girlie... Girlie« (12/85 GB 7)
REGGAE, POP

GIBB, ANDY

★ 5.3.1958, † 10.3.1988

Der Jüngste der Gibb-Brüder war zwischen 1977 und 1980 solo erfolgreich. Er konnte sechs Top-10-Hits, darunter drei Nr. 1-Hits in den USA verbuchen. Der Erfolg schien ihm nicht gutgetan zu haben. In den folgenden Jahren brachte man ihn mehr mit Drogen- und Frauengeschichten in Verbindung. 1988 verstarb er an Herzversagen.

DER TOP-10-HIT:
»Desire« (1/80 US 4)
POP

GIBB, ROBIN

★ 22.12.1949; †. 20.5.2012) »Juliet« war der größte Solo-Hit des Bee Gees Robin Gibb. 1983 landete er damit eine Nr. 1 in Deutschland. Von Robin hatte man immer den Eindruck, dass er der Bodenständigste der Bee Gees war.

DAS ERFOLGREICHSTE ALBUM:
»How Old Are You?« (5/83 D-LP 6)

DER TOP-10-HIT:
»Juliet« (5/83 D 1)

WEITERE HITS AUSSERHALB DER TOP 10:
»Another Lonely Night In New York« (8/83 D 16)
»How Old Are You (11/83 D 37)
»Boys Do Fall In Love« (5/84 D 21; 6/84 US 37)
POP

GIBSON, DEBBIE

★ 31.8.1970. Ende der 80er hatte die Amerikanerin mit »Lost In Your Eyes« einen Nr. 1-Hit in den USA. Die LP »Electric Youth« stand wochenlang auf Platz 1 der US-LP-Charts.

DIE ERFOLGREICHSTEN ALBEN:
»Out Of The Blue« (9/87 US-LP 7; 1/88 GB-LP 26)
»Electric Youth« (2/89 US-LP 1, GB-LP 8)
»Anything Is Possible« (12/90 US-LP 41)

DIE TOP-10-HITS:
»Only In My Dreams« (5/87 US 4)
»Shake Your Love« (10/87 US 4, GB 7)
»Out Of The Blue« (1/88 US 3)
»Foolish Beat«(4/88 US 1; 7/88 GB 9)
»Lost In Your Eyes« (1/89 US 1)

WEITERE HITS AUSSERHALB DER TOP 10:
»Electric Youth«
»You're The One That I Want« (1993)
POP

GLASS TIGER

Alan Frew v (★ 8.11.1959),
Sam Reid key (★ 1.12.1963),
Al Connelly g (★ 10.10.1960),
Wayne Parker b (★ 13.11.1960),
Michael Hanson d (★ 1.1.1963).
Die Kanadier hatten mit »Don't Forget Me« und »Someday« zwei Top-10-Hits in den USA. Ein weiterer schöner Song gelang ihnen mit der »Diamond Sun« (1988).

DIE ERFOLGREICHSTEN ALBEN:
»The Thin Red Line« (7/86 US-LP 27)
»Diamond Sun« (5/88 US-LP 82)

DIE TOP-10-HITS:
»Someday« (11/86 US 7)
»Don't Forget Me When I'm Gone« ((12/86 US 2)

WEITERE TOP-10-HITS:
»Diamond Sun« (1988)
»Thin Red Line«
»My Town«
ROCK

GODLEY & CREME
Kevin Godley v/d (★ 7.10.1945),
Lol Creme v/g (★ 19.9.1947).
Nach erfolgreichen Jahren als Bandmitglieder von 10 CC trennten
sich Godley und Creme 1976 und machten solo weiter. Mit »Cry«
erreichten sie 1985 einen Top-10-Hit in Deutschland. Der Nach-
folger »A Little Piece Of Heaven« landete 1988 immerhin in den
Top 30 der deutschen Charts.

DAS ERFOLGREICHSTE ALBUM:
»Changing Faces – The Very Best Of 10 CC and Godley & Creme«
(8/87 GB-LP 4)

DIE TOP-10-HITS:
»Under Your Thumb« (9/81 GB 3)
»Wedding Bells« (11/81 GB 7)
»Cry« (5/85 D 8)
ROCK, ELEKTRO-POP

GO WEST

Peter Cox v (★ 17.11.1955),
Richard Drummie g/key/v.

Nachdem sie längere Zeit als Songschreiber gearbeitet hatten, gelang Cox und Drummie 1985 mit »We Close Our Eyes« ihr erster Top-10-Hit. Sie schrieben für »Rocky IV« die Nummer »One Way Street«. Die Tatsache, dass »King Of Wishful Thinking« im Kassenschlager »Pretty Woman« gespielt wurde, war einer Top-10-Platzierung in den US-Charts bestimmt förderlich.

DIE ERFOLGREICHSTEN ALBEN:

»Go West/Bangs And Crashes« (4/85 GB-LP 8)
»Aces And Kings – The Best Of Go West« (10/93 GB-LP 5)

DIE TOP-10-HITS:

»We Close Our Eyes« (2/85 GB 5)
»King Of Wishful Thinking« (5/90 US 8)

WEITERE HITS AUSSERHALB DER TOP 10:

»Don't Look Down«, »Faithful«
ELEKTRO-POP

GRAMM, LOU

★ 2.5.1950. Das Bandmitglied von Foreigner erreichte mit »Midnight Blue« auch solo eine Chartnotierung. Seine markante Stimme trug dazu bei, dass sein Soloalbum »Ready Or Not« relativ erfolgreich wurde.

DAS ERFOLGREICHSTE ALBUM:

»Ready Or Not« (2/87 US-LP 27)

DIE TOP-10-HITS:

»Midnight Blue« (1/87 US 5)

»Just Between You And Me« (10/89 US 6)

ROCK

GRANT, AMY

★ 25.11.1960. 1985 tauchte Amy aus Augusta/Georgia zum ersten Mal in den US-Charts auf. Zuvor war sie bereits mit christlich angehauchter Pop- und Rockmusik megaerfolgreich gewesen. Insgesamt hatte Amy viermal den Grammy als beste Gospelsängerin gewonnen. Zusammen mit Peter Cetera gelang ihr mit »Next Time I Fall In Love« ein wunderschöner Song. Ein Platz 1 in den US-Charts war den beiden sicher.

DIE ERFOLGREICHSTEN ALBEN:
»Unguarded« (6/85 US-LP 35)
»Amy Grant – The Collection« (9/86 US-LP 66)
»Heart In Motion« (3/91 US-LP 10; 6/91 GB-LP 25)
»Home For Christmas« (10/92 US-LP 2)
»House Of Love« (9/94 US-LP 13)
»Behind The Eyes« (9/97 US-LP 8)

DIE TOP-10-HITS:
»The Next Time I Fall« (9/86 US 1)
»Baby Baby« (2/91 US 1; 5/91 D 8, GB 2)
»Every Heartbeat« (6/91 US 2)
»That's What Love Is For« (9/91 US 7)
»Good For Me« (1/92 US 8)

WEITERER HIT AUSSERHALB DER TOP 10:
»The Lucky One«
SOFT ROCK

GRANT, EDDY

★ 5.3.1948. Eddy Grant war Mitglied der Ende der 60er Jahre erfolgreichen Equals. Seine Soloprojekte waren ähnlich erfolgreich. »I Don't Wanna Dance« erreichte 1982 Platz 1 der britischen Charts, »Electric Avenue« und »Gimme Hope Jo'anna« kamen in den USA, Großbritannien und Deutschland jeweils in die Top 10.

DAS ERFOLGREICHSTE ALBUM:
»Killer On The Rampage« (11/82 GB-LP 7; 1/83 D-LP 11; 4/83 US-LP 10)

DIE TOP-10-HITS:
»Do You Feel My Love« (11/80 GB 8)
»I Don't Wanna Dance« (10/82 D 7, GB 1)
»Electric Avenue« (1/83 D 9, GB 2; 4/83 US 2)
»Gimme Hope Jo'anna« (1/88 GB 7; 5/88 D 4)
POP, REGGAE

GRID
David Ball key/syn (★ 3.5.1959);
Richard Norris v/g/key/dj (★ 23.6.1965):
Die Briten hatten mit dem House-Stück »Swamp Thing« 1994 einen Megahit in den Deutschen Charts.

Ball, der ex-Keyboarder von Soft Cell, und Norris produzierten auch für die Happy Mondays, Marc Almond, die Pet Shop Boys und Erasure.

DIE ERFOLGREICHSTEN ALBEN
»Floating« (7/90 GB 60)
»Evolver« (10/94 GB-LP 14)

DER TOP-10-HIT:
»Swamp Thing« (6/94 GB 3)

»Texas Cowboys«
HOUSE

GRÖNEMEYER, HERBERT

★ 12.4.1956. Dem Schauspieler (u.a. »Das Boot«, »Frühlingssinfonie«) und Sänger gelang 1984 sein großer musikalischer Durchbruch. Seine LP »Bochum« verkaufte sich über 1 Million mal. Die Erfolgs-Single »Männer« kam auf Platz 7 der deutschen Charts. Die schönsten Songs auf »Bochum« waren dennoch »Für dich da« und »Mambo«. 1986 erschien das Album »Sprünge«, in dem Grönemeyer zu gesellschaftlichen Themen Stellung nahm.

1990 kam mit »Luxus« Grönemeyers viertes Erfolgsalbum auf den Markt. Die Single »Deine Liebe klebt« stieg in die Top 10 ein.

1993 folgte sein insgesamt siebtes Album, »Chaos«. Platin-Auszeichnungen und ein MTV-Unplugged-Konzert schlossen sich an. 1998 erschien Grönemeyers sechstes Nr. 1-Album »Bleibt alles anders«. Danach zwangen ihn persönliche Schicksalsschläge zu einer längeren Pause.

Es gelangen ihm eine Vielzahl schöner, hörenswerter Singles. Von »Halt mich«, »Marie«, »Vollmond«, »Fragwürdig«, »Der Komet«, »Letzte Version«, »Tanzen«, »Ich will mehr«, über »Land unter«, »Morgenrot«, »Flugzeuge im Bauch«, »Luxus«, »Chaos«, »Fisch im Netz«, »Haarscharf«, »Bist du taub?«, »Musik nur wenn sie laut ist« bis zur leckeren »Currywurst« war alles dabei. Herbert Grönemeyer ist wohl einer der erfolgreichsten deutschen Sänger aller Zeiten.

Zum guten Schluss des Musiklexikons noch zwei Dutzend Musikstars, 13 Bands und 11 Solo-Interpreten, die mich besonders beeindruckt haben. Here they are!!!!

DIE ERFOLGREICHSTEN ALBEN:
»4630 Bochum« (5/84 D-LP 1)

»Ö« (4/88 D-LP 1)
»Luxus« (10/90 D-LP 1)
»Chaos« (6/93 DLP 3)
»Live« (141/95 D LP 3)
»Unplugged« (11,/95 D LP 6)
»Bleibt alles anders« (2/98 D LP 1)

DIE TOP-10-HITS:
»Männer« (6/84 D 7)
»Was soll das?« (4/88 D 3)
»Deine Liebe klebt« (8/90 D8)

ROCK, POP

ACE OF BASE

Jonas Petter Berggren (Schweden, ★ 21.3.1967 in Göteborg), Linn Berggren (Schweden, ★ 31.10.1970 in Göteborg), Jenny Berggren (Schweden, ★ 19.5.1972 in Göteborg), Ulf Ekberg (Schweden, ★ 6.12.1970 in Göteborg).
Sie wurden ein wenig als Nachfolger der Abbas gehandelt. Zwei Männer und zwei Frauen aus Schweden begannen Anfang der 90er Jahre tanz- und hörbare Musik zu machen. Mit »All That She Wants« schafften sie den internationalen Durchbruch. Nach weiteren Top-10-Hits gab es 1996 eine kleine Verschnaufpause. Mit dem Album »Flowers« meldeten sie sich 1998 zurück.

DIE ERFOLGREICHSTEN ALBEN:
»Happy Nation« (3/93 D-LP 1; 6/93 GB-LP 1)
»The Sign« (12/93 US-LP 1 – neunfach Platin)
»The Bridge« (11/95 D-LP 8; 12/95 US-LP 29)
»Flowers« (6/98 D-LP 3)

DIE TOP-10-HITS:

»All That She Wants« (1/93 D 1; 5/93 GB 1; 9/93 US 2)
»Wheel Of Fortune« (4/93 D 4)
»Happy Nation« (8/93 D 7)
»The Sign« (11/93 D 1; 1/94 US 1, GB 2)
»Don't Turn Around« (3/94 D 6; 5/94 GB 5, US 4)
»Cruel Summer« (7/98 US 10; 10/98 GB 8)
»Life Is A Flower« (7/98 GB 5)

WEITERE HITS AUSSERHALB DER TOP 10:

»Always Have, Always Will« (12/98 GB 12)
»Everytime It Rains« (4/99 GB 22)
POP

AC/DC

Malcolm Young g (★ 6.1.1953),
Angus Young g (★ 31.3.1959),
Bon Scott v (★ 9.7.1946, †. 19.2.1980),
Phil Rudd d (★ 19.5.1954),
Mark Evans b (★ 2.3.1956),
Brian Johnson v (★ 5.10.1947),
Cliff Williams b (★ 14.12.1949),
Simon Wright d (★ 19.6.1963).
Die Brüder Angus und Malcolm Young wurden in Glasgow/Schottland geboren. Ihre Familie wanderte 1963 nach Australien aus.
Nach Umbesetzungen in den Anfangszeiten von AC/DC (1973) stand im Sommer 1974 der Stamm der Band, mit den Gebrüdern Young, Bon Scott, Phil Rudd und Mark Evans. Mit »Highway To Hell« hatten sie jedoch erst 1979 ihren ersten internationalen Erfolg zu verzeichnen. Zu Heavy-Metal-Stars wurden sie durch ihren harten Rock, der nicht selten auch mit melodischen Anteilen daherkam und ihre Bühnenshow, in der Angus Young als unartiger Schuljunge in Uniform zu sehen war. 1980 starb der Sänger Bon

Scott in Folge seines Alkoholmissbrauchs und wurde durch Brian Johnson adäquat ersetzt.

In den 80ern veröffentlichten AC/DC recht viele LPs, darunter »Back In Black« (1980) »For Those About The Rock (We Salute You)« (1981) die in Großbritannien bzw. in den USA sogar auf Platz 1 landeten. »Flick Of The Switch« (1983) »Fly On The Wall« (1985) und »Blow Up Your Video« (1988) waren weitere recht erfolgreiche LPs von AC/DC in den 80ern.

In den 90ern gab es mit »The Razor's Edge« (1990) und »Ballbreaker« (1995) nur noch zwei Studio-Alben, jedoch Ende 1992 eine Live-LP, die während ihrer Welttournee 1991 aufgenommen worden war. Die Singles von AC/DC waren lediglich in Australien in den Top 10, dafür jedoch regelmäßig.

AC/DC setzten ihre Erfolge weit über die 90er Jahre hinaus fort und überboten sich selbst noch.

DIE ERFOLGREICHSTEN ALBEN:
»Back In Black« (1980 D-LP 3, GB-LP 1, US-LP 4)
»For Those About The Rock (We Salute You)« (1981 D-LP 2, GB-LP 3, US-LP 1)
»Flick Of The Switch« (1983 D-LP 6, GB-LP 4, US-LP 15)
»Fly On The Wall« (1985 D-LP 14, GB-LP 7, US-LP 32)
»Blow Up Your Video« (1988 D-LP 4, GB-LP 2, US-LP 12)
»The Razor's Edge« (1990 D-LP 4, GB-LP 4, US-LP 2)
»Ballbreaker« (1995 D-LP 4, GB-LP 6, US-LP 4)

DIE ERFOLGREICHSTEN SINGLES:
»Touch Too Much«(1980)
»You Shook Me All Night Long« (1980)
»Hells Bells« (1981)
»Back In Black« (1982)
»For Those About The Rock (We Salute You)« (1985)
»Danger« (1986)
»Who Made Who« (1988)

»Heatseeker« (1990)
»That's The Way I Wanna Rock 'n' Roll« (1990)
»Thunderstruck« (1990)
»Moneytalks« (1990)
»Hard As A Rock«(1995)

HARDROCK, HEAVY METAL

ADAMS, BRYAN

★ 5.11.1959. Nachdem sich der Kanadier zunächst als Songschreiber betätigt hatte, wurde er Anfang der 80er Jahre international bekannt. Die Singleauskopplung »Summer Of 69« aus der LP »Reckless« trug wesentlich dazu bei und avancierte zum Kulthit. Bis 1987 landete er 5 Top-10-Hits in den US-Charts, als seine Karriere etwas ins Stocken kam. 1991 gelang ihm jedoch mit »(Everything I Do) I Do It For You« aus dem Film »Robin Hood« ein sensationelles Comeback. Trotz vieler rockiger Songs, wie etwa »Cuts Like A Knife«, hatte er stets großen Erfolg mit seinen Balladen. Mit »Christmas Time« gelang ihm auch ein wunderschöner Weihnachtssong.

DIE ERFOLGREICHSTEN ALBEN:
»Cuts Like A Knife« (2/83 US-LP 8; 3/86 GB-LP 21)
»Reckless« (11/84 US-LP 1; 3/85 GB-LP 7)
»Into The Fire« (4/87 US-LP 7, D-LP 7, GB-LP 10)
»Waking Up The Neighbours« (10/91 US-LP 6, GB-LP 1, D-LP 1)
»So Far So Good« (11/93 US-LP 6, GB-LP 1, D-LP 1)
»Live! Live! Live!« (8/94 GB-LP 17)
»18 Til I Die« (6/96 GB-LP 1, D-LP 4, US-LP 31)
»Unplugged« (12/97 D-LP 8, GB-LP 19)
»On A Day Like Today« (10/98 GB-LP 11; 11/98 D-LP 5)
»The Best Of Me« (11/99 GB-LP 12, D-LP 7)

DIE TOP-10-HITS:
»Straight From The Heart« (3/83 US 10)
»Run To You« (11/84 US 6)
»Heaven« (4/85 US 1)
»Summer Of 69« (6/85 US 5)
»Heat Of The Night« (3/87 US 6)
»Everything I Do I Do It For You« (6/91 US 1, GB 1, D 1)
SOFT ROCK

AEROSMITH
Steven Tyler v (★ 26.3.1948),
Joe Perry g (★ 10.9.1950),
Joey Kramer d (★ 21.6.1950),
Brad Whitford g (★ 23.2.1952),
Tom Hamilton b (★ 31.12.1951).
Die 1970 gegründete amerikanische Hard-Rock-Band hatte 1973 mit »Dream On« ihren ersten großen Hit. In den 80ern erregte »Love In An Elevator« durch die Anfangszeile »Good Morning, Mr ... Going Down?« Aufsehen. Abseits der Top-10-Hits hatten sie mit »Livin' On The Edge« (1993) »Eat The Rich« (1993) »Amazing« (1993) und »Hole In My Soul« weitere sehr beachtenswerte Songs.

DIE ERFOLGREICHSTEN ALBEN:
»Aerosmith's Greatest Hits« (11/80 US-LP 53)
»Classics Live!« (4/86 US-LP 84)
»Permanent Vacation« (9/87 US-LP 11, GB-LP 37)
»Pump« (9/89 US-LP 5, GB-LP 3)
»Pandora's Box« (12/91 US-LP 45)
»Get A Grip« (5/93 US-LP 1, GB-LP 2, D-LP 3)
»Big Ones« (11/94 US-LP 6, GB-LP 7, D-LP 5)
»Nine Lives« (3/97 GB-LP 4, D-LP 3, US-LP 1)
»A Little South Of Sanity« (10/98 GB-LP 36; 11/98 US-LP 12)

DIE TOP-10-HITS:
»Angel« (1/88 US 3)
»Love In An Elevator« (9/89 US 5)
»Janie's Got A Gun« (11/89 US 4)
»What It Takes« (3/90 US 9)
»Cryin'« (11/93 D 7)
»I Don't Wanna Miss A Thing« (8/98 D 1; 9/98 GB 4, US 1)
HARD ROCK, POP

A FLOCK OF SEAGULLS

Mike Score v/key/g (GB, ★ 5.11.1957 in Liverpool),
Paul Reynolds g (GB, ★ 4.8.1962 in Liverpool),
Frank Maudsley b/v (GB, ★ 10.11.1959 in Liverpool),
Ali Score d/v (GB, ★ 8.8.1956 in Liverpool).
Die Elektro-Popper aus Liverpool, die ihren Bandnamen aus dem
Buch »Jonathan Livingston Seagull« entnahmen, hatten mit »I Ran«
1982 einen Top-10-Hit in den USA. Bereits ein Jahr nach diesem
Erfolg wurden sie mit dem Grammy für die Best Rock Instrumental
Performance ausgezeichnet. Ihre weiteren Hits, wie etwa »Space Age
Love Song« oder »The More You Live, The More You Love« (1982)
landeten in den Top-40 der Charts. Mit »The Story Of A Young
Heart« (1984) hatten sie einen weiteren schönen Song.

DIE ERFOLGREICHSTEN ALBEN:
»A Flock Of Seagulls« (4/82 GB-LP 32; 5/82 US-LP 10)
»Listen« (5/83 GB-LP 16, US-LP 16)

DIE TOP-10-HITS:
»I Ran (So Far Away)« (7/82 US 9)
»Wishing (If I Had A Photograph Of You)« (11/82 GB 10)
NEW ROMANTIC

AGUILERA, CHRISTINA

★ 18.12.1980 in Staten Island/New York City. Die Amerikanerin wurde in der Presse als Gegenspielerin von Britney Spears dargestellt. Ihr Debütalbum »Genie In A Bottle« wurde auf Anhieb ein weltweiter Erfolg. Im zarten Alter von 12 Jahren wurde Christina bei der US-Show »Starsearch« entdeckt. 1998 sang sie den Titel »Reflections« für den Soundtrack zum Disney-Zeichentrickfilm »Mulan«. Danach unterschrieb sie einen Vertrag mit der R. C. A.. Die Karriere konnte beginnen ...

DAS ERFOLGREICHSTE ALBUM:
»Christina Aguilera« (9/99 US-LP 1, D-LP 13; 10/99 GB-LP 21)

DIE TOP-10-HITS:
»Genie In A Bottle« (7/99 US 1; 8/99 D 2; 10/99 GB 1)
»What A Girl Wants« (11/99 US 1)
POP

A-HA

Mags Furuholmen v/key (N, ★ 1.11.1962 in Oslo),
Morten Harket v (N, ★ 14.9.1959 in Kongsberg),
Pal Waaktaar v/g (N, ★ 6.9.1961 in Oslo).
1981 trafen sich drei Norweger, um gemeinsam Musik zu machen. Da es in Norwegen nicht viel zu verdienen gab, versuchten sie, auf dem britischen Musikmarkt Fuß zu fassen, was mit der Zeit gelang. »Take On Me«, ihr erster Hit, machte sie international bekannt. Das Video dazu ist wohl eine der schönsten, medial erzählten Liebesgeschichten aller Zeiten.

A-ha kamen vor allem bei weiblichen Teenagern gut an. Die Mädels standen auf Morten, dessen immerwährend jugendliches, gutes Aussehen der Erwartungshaltung an einen Popstar in vollem Maße entsprach.

Nach weiteren Hits in Großbritannien, in den USA und in Deutschland legten sie Mitte der 90er Jahre eine Pause ein. Harket produzierte eine Soloplatte, Waaktaar versuchte es ebenfalls auf eigene Faust und Furuholmen machte sich einen Namen als Maler. Ende der 90er kamen die drei Norweger wieder zusammen, um ein Comeback einzuleiten.

DIE ERFOLGREICHSTEN ALBEN:
»Hunting High And Low« (7/85 US-LP 15; 11/85 D-LP 10, GB-LP 2)
»Scoundrel Days« (10/86 D-LP 4, GB-LP 2)
»Stay On These Roads« (5/88 D-LP 4, GB-LP 2)
»East Of The Sun, West Of The Moon« (10/90 D-LP 6; 11/90 GB-LP 12)
»Headlines And Deadlines« - The Hits Of A-ha« (11/91 GB-LP 12)
»Memorial Beach« (6/93 GB-LP 17)

DIE TOP-10-HITS:
»Take On Me« (7/85 US 1; 9/85 D 1, GB 2)
»The Sun Always Shines On T.V.« (12/85 D 5, GB 1)
»Train Of Thought« (4/86 GB 8)
»Hunting High And Low« (6/86 GB 5)
»I've Been Losing You« (10/86 GB 8)
»Cry Wolf« (12/86 GB 5)
»The Living Daylights« (7/87 D 8, GB 5)
»Stay On These Roads« (3/88 D 7, GB 5)
»Crying In The Rain« (10/90 D 6)
POP

ALICE
★ 26.2.1954 in Forli/Rimini. Im zarten Alter von 15 Jahren trat Alice beim Festival in San Remo auf. In Deutschland nahm man die attraktive Italienerin 1981 mit »Per Elisa« wahr. Ein Jahr später enterte sie mit »Una Notte Speciale« die Top 10 der deutschen Charts. 1984 sang sie zusammen mit Stefan Waggershausen ein Duett. »Zu nah am Feuer« hieß der Song, bei dem Alice das Z von »Zu« mit einem sexy »S« verführerisch ins Mikrophon hauchte. Eine Notierung

in den deutschen Charts auf Platz 13 war den beiden sicher. In den 90ern veröffentlichte sie weiterhin fleißig Soloalben. Leider hatte sich die »Italiamania« der 80er Jahre etwas gelegt, so dass die Musik der sich ständig weiterentwickelnden Künstlerin in Deutschland nicht mehr so wahrgenommen wurde.

DAS ERFOLGREICHSTE ALBUM:
»Per Elisa« (5/82 D-LP 16)

DER TOP-10-HIT:
»Una Notte Speciale« (3/82 D 7)
POP

ALMOND, MARC
★ 9.7.1957 in Southport/Liverpool. Marc Almond machte sich einen Namen als Sänger von Love Songs. Ende der 70er Jahre gründete er zusammen mit Dave Ball das Duo Soft Cell. Mit »Tainted Love« gelang ihnen ein Welthit. Mitte der 80er Jahre machte Marc solo weiter. Mit Bronski Beat sang er »I Feel Love«. 1989 nahm er zusammen mit der Pop-Legende Gene Pitney den Song »Something's Gotten Hold Of My Heart« auf, der in Deutschland und Großbritannien zum Nr. 1-Hit wurde. »The Days Of Pearly Spencer« war 1992 sein wohl größter Erfolg als Solokünstler. Ein Platz 4 in Großbritannien war ihm sicher.

Mit »Love Letter«, »Tears Run Rings«, »My Hand Over My Heart« und »Say Hello, Wave Good-Bye« gelangen ihm weitere schöne Songs.

DAS ERFOLGREICHSTE ALBUM:
»Stars We Are« (12/88 D-LP 9)

DIE TOP-10-HITS:
»I Feel Love« (4/85 GB 3)

»Something's Gotten Hold Of My Heart« (1/89 D 1, GB 1)
»Tainted Love« (5/91 GB 5)
»The Days Of Pearly Spencer« (4/92 GB 4)

ELEKTRO-POP

ALPHAVILLE

Marian Gold v (★ 26.5.1958),
Bernhard Lloyd key (★ 2.6.1960),
Frank Mertens key (★ 26.10.1961),
Ricky Echolette key/b/g (★ 6.8.1960),
Die Wahl-Münsteraner hatten 1984 mit »Big In Japan«, »Forever Young« und »Sounds Like A Melody« große Hits in Deutschland zu verzeichnen. Der Stil von Alphaville kann als anspruchsvolle Popmusik angesehen werden. Mit »Dance With Me«, »Fools«, »Mysteries Of Love«, »Summer Rain«, »Red Rose« und »Universal Daddy« gelangen ihnen weitere schöne Songs.

In den 90ern versuchte sich Marian Gold als Solist. 1994 erschien dennoch das vierte Album von Alphaville mit dem Titel »Prostitute«.

DIE ERFOLGREICHSTEN ALBEN:
»Forever Young« (10/84 D-LP 3)
»Afternoons In Utopia« (6/86 D-LP 13)

DIE TOP-10-HITS:
»Big In Japan« (2/84 D 1; 8/84 GB 8)
»Sounds Like A Melody« (6/84 D 3)
»Forever Young« (10/84 D 4)
ELEKTRO-POP

AMAZULU

Ann-Marie Teresa Antoinette Ruddock v (★ 2.7.1961),
Claire Kenny b,
Lesley Beach sax (★ 30.9.1954),
Sharon Bailey per (★ 22.11.1957),
Margo Sagov g,
Nardo Bailey d.

Reggae, Blues und Calypso vermischten sich zu einem wunderbaren Stück Popmusik. »Too Good To Be Forgotten«, der einzige Hit der britischen Ska-Band, erreichte Platz 5 der britischen Charts. Ob sich noch jemand daran erinnert? Hoffentlich!

DER TOP-10-HIT:
»Too Good To Be Forgotten« (5/86 GB 5)
POP, SKA

ANDERS, THOMAS

★ 1.3.1963 in Münstermaifeld. Die großen Erfolge, die die bessere, weil stimmlich ausgereifte Hälfte von Modern Talking mit diesem Duo hatte, sind allseits bekannt. Abseits davon versuchte es Thomas Anders auch anders, nämlich solo. Es gelangen ihm wunderschöne Love Songs, die sich leider nicht in den Top 10 der deutschen Single-charts platzieren konnten. Zusammen mit dem amerikanischen Teenie-Superstar Glenn Medeiros sang er den tollen Song »Standing Alone«.

Im Ausland war und ist Thomas Anders solo, was er auch mit Modern Talking war. Ein absoluter Weltstar.

Die Songs: »I Found A Love Of My Own«, »When Will I See You Again?« und »Can't Give You Anything (But My Love)
POP

ANDRE, PETER

★ 27.2.1973 in Harrow-London. Der Brite entsprach mit seinem Brad-Pitt-ähnlichen Waschbrettbauch dem Bild, das Teenies von einem Popstar hatten, in vollem Maße. Peter Andre musste sich allerdings nicht ausschließlich auf seine körperlichen Vorzüge verlassen. Er hatte stimmlich einiges zu bieten. In den 90ern gelangen ihm insgesamt 7 Top-10-Hits.

DAS ERFOLGREICHSTE ALBUM:
»Natural« (10/86 GB-LP 1)

DIE TOP-10-HITS:
»Mysterious Girl« (6/96 GB 2; 7/96 D 7)
»Flava« (9/96 GB 1)
»I Feel You« (12/96 GB 1)
»Natural« (3/97 GB 6)
»All About Us« (8/97 GB 3)
»Lonely« (11/97 GB 6)
»Kiss The Girl«(7/98 GB 9)
POP

ANIMOTION
Bill Wadhams v/g,
Charles Ottavio b,
Astrid Plane v,
Paul Antonelli key,
Don Kirkpatrick g,
Paul Engemann v,
Cynthia Rhodes v,
Frenchy O'Brien d.

»Obsession« war der erste Top-10-Hit der Band. Mit »I Engineer« schaffte es ein weiterer Song auf Platz 2 der deutschen Charts. 1988 stieß die Schauspielerin Cynthia Rhodes zur neu formierten

Gruppe. »Room To Move« war der letzte Hit, den Animotion hatten. Danach wurde es still um sie.

DAS ERFOLGREICHE ALBUM:
»Strange Behaviour« (5/86 D-LP 19)

DIE TOP-10-HITS:
»Obsession« (1/85 US 6; 4/85 GB 5, D 8)
»I Engineer« (4/86 D 2)
»Room To Move« (2/89 US 9)
POP, TECHNO

ANN LEE
★ 12.11.1972. Ann verließ ihre britische Heimat und zog nach Italien. Sie verdiente sich ihr Geld zunächst als Sängerin in verschiedenen Diskotheken, bis sie dort von einem Talentscout entdeckt wurde. Ihre erste Single »Two Times« wurde europaweit ein Hit. »Voices« schaffte in den britischen Charts nochmals den Sprung in die Top 30. Danach hörte man leider nichts mehr von der süßen Britin.

DER TOP-10-HIT:
»2 Times« (7/99 D 5; 10/99 GB 2)
DANCE, ONE HIT WONDER

APPLEBY, KIM
★ 28.8.1961 in London. Kim und ihre Schwester Mel, die zusammen das Gesangsduo Mel & Kim bildeten, gehörten vor ihrer Karriere als Sängerinnen zu den Londoner Topmodels. Das Erfolgsproduzenten-Team Stock/Aitken/Waterman nahm die beiden Schwestern unter Vertrag. Mel verstarb Ende der 80er Jahre viel zu jung an Krebs. Kim

machte solo weiter und hatte einige wenige Charterfolge. Abseits der Hitparaden gelang ihr mit»Mama« ein schöner Song.

DIE TOP-10-HITS:
»Don't Worry« (11/90 D 8, GB 2)
»G.L.A.D.« (2/91 GB 10)
POP

ARABESQUE
Sandra Lauer v (★ 18.5.1962 in Saarbrücken),
Michaela Rose,
Jasmin Vetter.
Das forsche Mädels-Trio hatte zunächst ausschließlich in Japan Erfolg. Mit»Marigot Bay« und»In For A Penny« hatten sie zwei erfolgreiche Songs in den Charts. Anfang der 80er Jahre lernte Sandra den Produzenten Michael Cretu kennen. Sie hatte solo großen Erfolg, und dennoch blieb Arabesque für Sandra bestimmt eine schöne Erinnerung an die Anfänge eines späteren Stars.

DER TOP-10-HIT:
»Marigot Bay«(2/81 D 8)
DISKO

ARMATRADING, JOAN
★ 9.12.1950 in Basseterre/St. Kitts. Mit 24 Jahren veröffentlichte Joan Armatrading zusammen mit Pam Nestor ein Album. Da es floppte, machte sie solo weiter. 1976 hatte sie mit»Love And Affection« ihren ersten und einzigen Top-10-Hit in den britischen Charts. In den 80ern landete sie weitere zwei Singlehits.»Me Myself I« (6/80 GB 21) und ihren in Deutschland wohl bekanntesten Solohit»Drop The Pilot« (2/83 GB 11)

DIE ERFOLGREICHSTEN ALBEN:
»Me Myself I« (5/80 GB-LP 5; 6/80 US-LP 28, D-LP 23)
»Walk Under Ladders« (9/81 GB-LP 6)
»The Key« (3/83 GB-LP 10, D-LP 24; 4/83 US-LP 32)
»Track Record« (11/83 GB-LP 18)
»Secret Secrets« (2/85 GB-LP 14)
»The Very Best Of Joan Armatrading« (3/91 GB-LP 9)
POP, SOUL

ARRESTED DEVELOPMENT

Rasa Don v/d (USA, ★ 22.11.1968 in New Jersey),
Montsho Eshe (USA, ★ 23.12.1974 in Georgia),
Dionne Farris v (USA, ★ in Bordentown/New Jersey),
Headliner dj (USA, ★ 26.7.1967 in Savannah/Georgia),
Kwesi dj,
Nadirah v,
Baba Oje (USA, ★ 15.5.1932 in Laurie),
Speech v, rap (USA, ★ 25.10.1968 in Milwaukee/Wisconsin),
Aerle Taree v (USA, ★ 10.1.1973 in Milwaukee/Wisconsin).

Den Gruppennamen galt es mit »Entwicklungshemmung« zu übersetzen. »Arrested Development« war aufgefallen, dass zu viele schwarze Jugendliche zu sehr auf Materialismus und Individualismus aus waren, ohne das Leben im Allgemeinen zu schätzen und zu respektieren. Insgesamt hatten »Arrested Development« Anfang der 90er Jahre drei Top-10-Hits.

DIE ERFOLGREICHSTEN ALBEN:
»3 Years, 5 Months And 2 Days In The Life Of ...« (4/92 US-LP 7: 10/92 GB-LP 3)
»Zingalamduni« (6/94 GB-LP 16)

DIE TOP-10-HITS:
»Tennessee« (4/92 US 6)

»People Everyday« (8/92 US 8; 10/92 GB 2)
»Mr. Wendal« (12/92 US 6)
FUNK, HIPHOP, RAP

ARRINGTON, STEVE

Nachdem er mit Sheila E. zusammengearbeitet hatte, gründete Steve Arrington 1982 seine eigene Band Hall Of Fame. Ab 1985 trat er als Solist in Erscheinung. Mit »Feel So Real« landete er einen Top-10-Hit. Der Nachfolgehit »Dancin' In The Key Of Life« kam nur noch in die Top 30 der britischen Charts.

DER TOP-10-HIT:
»Feel So Real« (4/85 GB 5)
RHYTHM & BLUES

ASHFORD & SIMPSON

Valerie Simpson v (USA, ★ 26.8.1946 in Bronx/New York City)
Nickolas Ashford v (USA, ★ 4.5.1942 in Fairfield/South Carolina)
Das musikalisch vielseitig begabte Ehepaar aus den Vereinigten Staaten hatte mit »Solid« seinen größten Hit. Valerie arbeitete als Songschreiberin, Sängerin und Sessionmusikerin, während Nick sich auch als Produzent betätigte.

DAS ERFOLGREICHSTE ALBUM:
»Solid« (11/84 US-LP 29; 3/85 D-LP 11)

DER TOP-10-HIT:
»Solid« (1/85 D 2, GB 3)
SOUL

ASIA

John Wetton v/b (★ 12.7.1949),
Steve Howe g/v (★ 8.4.1947) Geoff Downes key/v,
Carl Palmer d (★ 20.3.1947).

Die 1981 gegründete britische Band mit zahlreichen renommierten Musikern bekam gleich mit der Singleauskopplung »Heat Of The Moment« ihres Debütalbums »Asia« weltweit Beachtung.

»Only Time Will Tell«, »One Step Closer« und »Sole Survivor« waren weitere Topsongs des ersten Asia-Albums.

Mit »Don't Cry« gelang ihnen ein zweiter Top-10-Hit, bevor sie mehr durch Bandumbesetzungen von sich reden machten.

DIE TOP-10-HITS:

»Heat Of The Moment« (4/82 US 4; 7/82 D 7)
»Don't Cry« (7/83 US 10)
ROCK

ASTLEY, RICK

★ 6.2.1966 in Newton-Le-Willow/Warrington. Rick Astley wurde vom Erfolgs-Produzententeam Stock/Aitken/Waterman entdeckt. Mit »Never Gonna Give You Up« gelang dem sympathischen Briten mit dem etwas pickligen Gesicht, der trotzdem gut aussah, der große Durchbruch. Der Song wurde Nr. 1 in 15 Staaten dieser Erde. Bis Anfang der 90er folgte Hit auf Hit, bevor sich der smarte Astley weitgehend aus dem Musikgeschäft zurückzog. »When I Fall In Love« war wohl sein schönster, »The Ones You Love« wohl sein unbekanntester Song.

DIE ERFOLGREICHSTEN ALBEN:

»Whenever You Need Somebody« (11/87 GB-LP 1, D-LP 1; 1/88 US-LP 10)
»Hold Me In Your Arms« (12/88 GB-LP 8, D-LP 3; 1/89 US-LP 19)
»Free« (3/91 GB-LP 9, D-LP 8, US-LP 31)

DIE TOP-10-HITS:
»Never Gonna Give You Up« (8/87 D 1, GB 1; 12/87 US 1)
»Whenever You Need Somebody« (10/87 GB 3, D 1)
»When I Fall In Love« (GB 2, D 6)
»Together Forever« (2/88 D 5, GB 2; 4/88 US 1)
»It Would Take A Strong Man« (7/88 US 10)
»She Wants To Dance With Me« (9/88 GB 6, D 10; 12/88 US 6)
»Take Me To Your Heart« (11/88 GB 8, D 10)
»Hold Me In Your Arms« (2/89 GB 10)
»Cry For Help« (1/91 US 7, GB 7)
POP, SOUL

AZTEC CAMERA
Roddy Frame v/g (★ 29.1.1964)
Akustische Musik war das Erfolgsrezept für Aztec Camera. Mit ihrem
Kopf Roddy Frame schafften sie 1988 mit »Somewhere In My Heart«
den Sprung in die Top 10 der britischen Charts.

»Good Morning Britons« kam Ende der 90er nochmals in
die Top 20. Für seine »Spanish Horses« sollte man Roddy Frame
allerdings einen »Acoustics Oscar« überreichen. Ein kleines, voll Elan
sprühendes Meisterwerk!

DAS ERFOLGREICHSTE ALBUM:
»Love« (11/87 GB-LP 10)

DER TOP-10-HIT:
»Somewhere In My Heart« (4/88 GB 3)
POP, ROCK

BABY BIRD
Huw Chadbourn key (★ 7.12.1963)
Robert Gregory d (★ 2.1.1967)

Stephen Jones v (★ 16.9.1962)
John Pedder b (★ 29.5.1962)
Luke Scott g (★ 25.8.1969)

Der Kopf dieses Projekts ist Stephen Jones, der mehrere Hundert Stücke schrieb und produzierte. Vermutlich wollte er sicher gehen, dass nur das Beste gut genug ist. Nach der Veröffentlichung von vier Soloalben in relativ kurzer Zeit gründete er 1996 Baby Bird. Das erste gemeinsame Album der fünf Briten wurde gleich ein Erfolg. »Ugly Beautiful« (11/96 GB-LP 9) die CD mit dem »Love Me«-Schildchen vorne drauf, enthielt so wunderschöne Songs wie »You're Gorgeous« und »Candy Girl«, »Dead Bird Sings«, »Bad Shave« sowie »Cornershop« und »July«.

DIE ERFOLGREICHSTEN ALBEN:
»Ugly Beautiful« (11/96 GB-LP 9)
»There's Something Going On« (9/98 GB-LP 28)

DER TOP-10-HIT:
»You're Gorgeous« (10/96 GB 3)
POP

WISSEN SIE ES NOCH?

200 FRAGEN ZUM THEMA
POP, ROCK AND MORE

FRAGE 1:

In welcher Band war die Sängerin Sandra Mitglied, bevor sie als Solokünstlerin erfolgreich wurde?

FRAGE 2:

Bei welchem Hit der Gruppe Chocolate sang Verona Pooth mit?

FRAGE 3:

In welchen Bands war Jimmy Somerville Leadsänger, bevor er auf Solopfaden wanderte?

FRAGE 4:

Welche christlich orientierte Heavy-Metal-Band hatte mit »Abyss – To Hell With The Devil« Erfolg?

FRAGE 5:

Welcher deutsche Sänger und Schauspieler sang »Deine Liebe klebt«?

FRAGE 6:

Welche deutsche Schlagerformation hatte »Einen Traum für diese Welt«?

FRAGE 7:

Aus welchem Land stammt die Popgruppe a-ha und wie hieß ihr erster großer Hit?

FRAGE 8:

Wie heißt der Sohn des 1981 verstorbenen Bob Marley?

FRAGE 9:
Welcher Sänger befand sich »auf dem Weg nach L.A.«?

FRAGE 10:
Wer landete den Hit »Sonic Empire«?

FRAGE 11:
Nennen Sie drei erfolgreiche Songs der deutschen Band Spliff.

FRAGE 12:
In welchem Jahr landete Nena mit »99 Luftballons« ihren größten Hit?

FRAGE 13:
Welche Lebensart gefiel Ryan Paris und der Spider Murphy Gang gleichermaßen gut?

FRAGE 14:
Wie heißt der Sänger der Münchner Freiheit?

FRAGE 15:
Welche von Dieter Bohlen produzierte blonde Sängerin hatte Mitte der 80er Jahre mit »I Can Lose My Heart Tonight« einen Hit?

FRAGE 16:
Wie heißt die Sängerin von Transvision Vamp?

FRAGE 17:
Welches Tier ist auf dem Cover von Marillions LP »Misplaced Childhood« abgebildet?

FRAGE 18:
Welche Band räumte ein, auch nur Menschen mit Fehlern zu sein?

FRAGE 19:

Welches Bandmitglied von The Who hatte mit »Face To Face« einen Solohit?

FRAGE 20:

Auf welcher Schallplatte besang Udo Lindenberg »Nathalie aus Leningrad«?

FRAGE 21:

Mit welchem Song wurde John Farnham weltberühmt?

FRAGE 22:

Auf welcher Schallplatte interpretierte Mike Oldfields ex-Frau Anita Hegerland zwei Stücke?

FRAGE 23:

Wer produzierte in den 80ern seine Schwester, die mit »Kids In America« einen großen Hit landete?

FRAGE 24:

Wie heißt die dunkelhäutige Sängerin, die mit ihrer samtigen Stimme süße Tabus bricht?

FRAGE 25:

Wer war der »König von Deutschland«?

FRAGE 26:

Aus welchem Song der Guns N' Roses stammt die Textzeile »Where The Grass Is Green And The Girls Are Pretty«?

FRAGE 27:

Welcher ex-Genesis-Frontmann sang im Duett mit Kate Bush »Don't Give Up«?

FRAGE 28:
In welchem Jahr erblickte Warlock-Sängerin Doro Pesch das Licht der Welt?

FRAGE 29:
Zu welcher von Bonnie Tyler interpretierten Titelmusik schwebte Schimanski-Darsteller Götz George mit einem Drachen über Duisburg?

FRAGE 30:
Welcher Sänger hatte mit »Stand And Deliver« einen großen Hit?

FRAGE 31:
In welchem Monat und in welchem Jahr starb Queen-Sänger Freddie Mercury?

FRAGE 32:
Welche Haarfarbe hat der britische Popstar Mick Hucknall?

FRAGE 33:
Welcher Sänger interpretierte den Song »My Love Is A Tango«, zu dem Silvia Seidel in der ZDF-Weihnachtsserie »Anna« tanzte?

FRAGE 34:
Mit welcher berühmten Hollywood-Schauspielerin sang Miami-Vice-Star Don Johnson »Till I Loved You«?

FRAGE 35:
Mit welcher Sängerin und Schauspielerin sang Nick Cave den Song »Where The Wild Roses Grow«?

FRAGE 36:
Wer sang »Heart Of Glass«?

FRAGE 37:

Welcher Sänger besang den »April« und wollte »Immer mehr«?

FRAGE 38:

Wie heißt der Sänger der Fine Young Cannibals?

FRAGE 39:

Wer lief über die chinesische Mauer?

FRAGE 40:

Welchen Namen trägt die Tochter von Harry Belafonte?

FRAGE 41:

In welchem Jahr hatten die Fantastischen Vier mit »Die da« ihren ersten Hit?

FRAGE 42:

Welche Band schrieb und interpretierte die Titelmusik zu »Robin Hood«?

FRAGE 43:

Wie nennt sich die österreichische Band rund um Sänger Klaus Eberhartinger, die einen »Banküberfall« inszenierte?

FRAGE 44:

Wer war neben George Michael der andere Part von Wham?

FRAGE 45:

Welcher deutsche Rockstar spielte im Film »Theo gegen den Rest der Welt« an der Seite der Schweizer Schauspielerin Claudia Demarmels?

FRAGE 46:

Was machte der »King« Elvis Presley beruflich, bevor er weltberühmt wurde?

FRAGE 47:
In welchen beiden Bands war bzw. ist Mike Rutherford tätig?

FRAGE 48:
Welchen »Guten Rat« gaben die Abstürzenden Brieftauben, damit es in der Wohnung mollig warm bleibt?

FRAGE 49:
Welcher amerikanische Schauspieler sang »That's Amore«?

FRAGE 50:
Wann wurde die Blues-Legende Gary Moore geboren?

FRAGE 51:
Mit welcher Sängerin (»Come And Stay With Me«) hatte Mick Jagger eine Affäre?

FRAGE 52:
Welchen Beinamen hat der Rocksänger Rod Stewart?

FRAGE 53:
Wie heißt der fleißige Songwriter von Babybird?

FRAGE 54:
Mit welchem Model war der Popstar Billy Joel verheiratet?

FRAGE 55:
Wie hieß der erste Hit von Joachim Witt?

FRAGE 56:
Auf welcher CD der Schlagersängerin Andrea Berg geht es hauptsächlich um Träume?

FRAGE 57:
Welcher Popstar fragt auf seiner CD »Are You Gonna Go My Way«?

FRAGE 58:
Wie heißt der Bruder von Dire-Straits-Kopf Mark Knopfler?

FRAGE 59:
Wie heißt die Band, die »Amanda« sang?

FRAGE 60:
In welchem Jahr trennten sich die Beatles?

FRAGE 61:

Welchen Beruf hat die Popsängerin Nena erlernt?

FRAGE 62:

Wie heißt der Musikproduzent, mit dem Tina Turner liiert ist?

FRAGE 63:

Wer sang »Saumäßig stark«?

FRAGE 64:

Welcher britische Popstar spielte in »Quadrophenia« mit?

FRAGE 65:
Welcher Musikrichtung gehörte Hubert Kah an?

FRAGE 66:
Wie heißt das Bandmitglied von Supertramp, das mit »In Jeopardy« einen Solohit hatte?

FRAGE 67:
Welches britische Popduo hatte mit »Shout« und »Woman In Chains«
große Hits?

FRAGE 68:
Bei welcher Band war Blixa Bargeld Mitglied?

FRAGE 69:
Wer war der Kopf des Culture Club?

FRAGE 70:
Welcher Nationalität ist der Popstar Zucchero?

FRAGE 71:
Wie heißt der Sänger von Fool's Garden?

FRAGE 72:
Bei welchem Label ist Sabrina Setlur unter Vertrag?

FRAGE 73:
In welchem Hit von Peter Maffay war er 16 und sie 31?

FRAGE 74:
Wie nannte sich die jodelnde Frau, die bei Hubert von Goisern
mitmischte?

FRAGE 75:
Mit wem sang Thomas D. bei »Solo« im Duett?

FRAGE 76:

Welcher französische Schauspieler machte in einem Song einer Frau
den Vorwurf »Du lässt dich gehen«?

FRAGE 77:

Wann und wo erblickte die deutsche Sängerin Ulla Meinecke das Licht der Welt?

FRAGE 78:

Welcher weibliche amerikanische Soulstar war auf dem »Freeway Of Love«?

FRAGE 79:

Welchen Beruf wollte Rockstar Rod Stewart ursprünglich ergreifen?

FRAGE 80:

Zu welcher Umweltkatastrophe machte sich Wolf Maahn seine Gedanken?

FRAGE 81:

Mit welcher dänischen Schauspielerin sang Falco »Body Next To Body« im Duett?

FRAGE 82:

Wann starb der deutsche Schlagerstar Roy Black?

FRAGE 83:

Welches Instrument spielte das Bandmitglied von Def Leppard, das einen Arm verloren hatte?

FRAGE 84:

Welcher Engländer moderierte lange Zeit den Rockpalast?

FRAGE 85:

Wie hießen Udo Lindenbergs Paniksöhne?

FRAGE 86:

Wer sang »Eloise«?

FRAGE 87:
In welcher erfolgreichen Krimireihe interpretierte Sandra »Stop For A Minute«?

FRAGE 88:
Was hat Matthias Reim früher beruflich gemacht?

FRAGE 89:
Welcher deutsche Sangeskünstler schrieb eine Hommage an »Die Sendung mit der Maus«?

FRAGE 90:
Wer brach »Die Herzen der stolzesten Frauen«?

FRAGE 91:
Welche beiden Sänger sind für ihre ungewöhnlichen Tanzbewegungen berühmt?

FRAGE 92:
Welche Sängerin (»Miss You So«) spielte in den 80ern zusammen mit Pierre Cosso in »Cinderella«?

FRAGE 93:
Zu welcher Hardrock-Band gehört David Coverdale?

FRAGE 94:
Welche Ostrockband hatte »Langeweile«?

FRAGE 95:
Wie heißt der Sänger von Pur?

FRAGE 96:
Welcher Part ist in Phil Collins' »In The Air Tonight« legendär?

FRAGE 97:

Welche Technoformation hatte mit »Te Quierro« Anfang der 90er einen Discoknaller?

FRAGE 98:

Wer forderte »No More Boleros«?

FRAGE 99:

Welcher Ire gewann den »Grand Prix De La Chanson« gleich zwei Mal?

FRAGE 100:

Welche Band besang die »Maid Of Orleans«?

FRAGE 101:

Aus welcher Stadt kommen die Toten Hosen?

FRAGE 102:

Wie heißen die beiden Brüder, die bei der Hardrock-Band AC/DC zu Gange sind?

FRAGE 103:

Wie hieß der Solohit von ABBA-Mitglied Agnetha Fältskog, der heiße Sommertage besang?

FRAGE 104:

Wer hatte mit »Nineteen« einen Welterfolg?

FRAGE 105:

Vor welchem Gebäude fand 1982 das »Concert For The People« von Barclay James Harvest statt?

FRAGE 106:

Welche Band befand sich auf einer »Road To Nowhere«?

FRAGE 107:
Wie hieß die LP von Rosa Prechts Cosa Rosa?

FRAGE 108:
Welche Hollywood-Schauspielerin sang dem Amerikanischen Präsidenten John F. Kennedy ein Geburtstagsständchen?

FRAGE 109:
Wie heißt der Drummer der Hardrock-Band Mötley Crüe, der mit Pamela Anderson liiert war?

FRAGE 110:
Welche Band hatte die »Lizenz zum Kranksein«?

FRAGE 111:
Welcher Musiker bekam 1987 den Grammy für sein Album »Graceland«?

FRAGE 112:
Welche französische Chanson-Sängerin besang »Szenen des Lebens«?

FRAGE 113:
»Jessie Was Too Young« war der einzige Hit welcher Band?

FRAGE 114:
Welcher Sänger hatte mit »Ärger« einen Hit?

FRAGE 115:
Ein grünflaggiges Schiff, Tauben und der Hinweis, dass der Song aus einer Bierwerbung ist. So viel zum Plattencover. Wer sang diesen Song?

FRAGE 116:
Wer forderte dazu auf, dass man ihr doch bitteschön ein Glas Wasser bringen solle?

FRAGE 117:
Die verstorbene Tamara Danz war Sängerin welcher Ostband?

FRAGE 118:
Wer hatte mit »Moonlight« seinen größten Hit?

FRAGE 119:
Welcher deutsche Sänger war ein Teil von T. X. T.?

FRAGE 120:
In welchem Song von Schweizer schwamm im Glas Milch ein Löffel Honig?

FRAGE 121:
Wie heißt der Sänger, der zusammen mit Drafi Deutscher das Duo Mixed Emotions bildete?

FRAGE 122:
Welche Kölner Rockgruppe schrieb den »Unternehmer-Song« »Time Is Cash, Time Is Money«?

FRAGE 123:
Wer brachte Mitte der 80er den »Charleston« wieder ins Spiel?

FRAGE 124:
Welcher Sänger wollte »Ein Mädchen für immer« haben?

FRAGE 125:
Welche skandinavische Rockgruppe hatte mit »The Final Countdown« einen Welterfolg?

FRAGE 126:
Welche Popikone forderte ihren Vater dazu auf, nicht immer Predigten abzuhalten?

Frage 127:
Welches englische Pin-up-Girl schaffte den Sprung zur erfolgreichen Popsängerin?

Frage 128:
Mit welcher Sängerin hatten UB 40 (»I Got You«, »Babe«) einen großen Erfolg?

Frage 129:
Wer verbrannte beinahe in »St. Elmo's Fire«?

Frage 130:
Mit welchem begabten Baggerführer und Drummer war Nena liiert?

Frage 131:
Wer war »Der blonde Hans von der Bundesbahn«?

Frage 132:
Wer tanzte einen »Pogo in Togo«?

Frage 133:
Welcher etwas picklig, bieder und dennoch süß aussehende Sänger hatte mit Songs wie »Never Gonna Give You Up« und »When I Fall In Love« großen Erfolg?

Frage 134:
Wie hieß das Popduo, das aus den Brüdern Matt und Luke Goss bestand, und mit »When Will I Be Famous« bekannt wurde?

Frage 135:
Wie heißt der etwas düstere Sänger der Band The Cars?

Frage 136:
»Yes Sir, I Can Boogie« und »Sorry, I'm A Lady« waren Hits welcher Band?

FRAGE 137:

Ein alter Mann mit einer Weltkarte in den Händen war auf dem Cover der LP »Worlds Apart« abgebildet. Wie heißt die Band?

FRAGE 138:

Welche französische Schauspielerin und Sängerin hat ein Kind mit Johnny Depp?

FRAGE 139:

Wer war außer James Dean noch »Jenseits von Eden«?

FRAGE 140:

Welcher blonde Sänger hatte »Ten Good Reasons«?

FRAGE 141:

Welcher deutsche Schauspieler (»Männer«) ist auch als Rocksänger erfolgreich?

FRAGE 142:

Welche Band »betitelte« die meisten ihrer Platten mit Ziffern?

FRAGE 143:

Welcher »Gitarrengott« starb 1970 im Alter von 28 Jahren?

FRAGE 144:

Wer komponierte für viele Folgen der Krimireihe »Derrick« die Titelmusik?

FRAGE 145:

Wie heißen die beiden Schwestern, die bei Ideal das Sagen hatten?

FRAGE 146:

Auf welchem Friedhof liegt der Doors-Sänger Jim Morrison begraben?

FRAGE 147:
Mit welchem verstorbenen Sänger war Cher verheiratet?

FRAGE 148:
Welcher Wochentag steckt im Titel einer CD von Sheryl Crow?

FRAGE 149:
Aus welchem Ort kamen die Heroen der Neuen Deutschen Welle, Trio?

FRAGE 150:
Wie heißt der Spitzname, den man Bruce Springsteen verpasst hat?

FRAGE 151:
Wie nannten die Schwermetaller Iron Maiden ihr Monster, das auf der Bühne aktiv war?

FRAGE 152:
Wie hieß die bekannteste LP der Hardrocker Cinderella?

FRAGE 153:
»She's Like The Wind« war ein großer Hit für einen Schauspieler, der in Deutschland durch die Rolle des Orry Maine in »Fackeln im Sturm« bekannt wurde. Wie heißt dieser Sänger und Schauspieler?

FRAGE 154:
Man nennt ihn »The Singing Dentist«. Mit »Hello Africa« und »It's My Life« feierte er große Erfolge.

FRAGE 155:
Er ist einer der besten Keyboarder der Welt.

FRAGE 156:
Wegen ihm freuen sich alle Menschen darauf, 66 Jahre alt zu werden.

FRAGE 157:
Mit »Rock It« hatte der Jazzmusiker einen Welterfolg.

FRAGE 158:
Alle Frauen, die »Angie« heißen, dürfen sich von diesen Altrockern nach wie vor angesprochen fühlen.

FRAGE 159:
Ob Mann oder Frau, keiner wusste es so genau. Mit »Follow Me« brachte sie so manchen Diskobesucher ins Schwitzen.

FRAGE 160:

Er ist bekannt dafür, dass ihm ab und zu der Text entfällt.
Mit »Heute hier, morgen dort« beschrieb er in seinem wohl bekanntesten Song auch einen Teil seines Lebens.

FRAGE 161:
Sie sah »Schatten an der Wand« und schickte »Engel auf Reisen«.

FRAGE 162:
Sie wünschte sich »Ein bisschen Frieden« und eroberte mit diesem Lied ganz Europa.

FRAGE 163:
Diese kesse junge Frau aus Plattling sang unter anderem »Servus, mach's guat«.

FRAGE 164:
»Mein Freund der Baum« war ihr größter Hit.

FRAGE 165:
»Das schöne Mädchen von Seite 1« wollte er haben. Wie heißt dieser Frauenschwarm aus Südafrika.

FRAGE 166:
»You're My Heart, You're My Soul« sang dieses Duo 1985 und wurde damit bekannt.

FRAGE 167:
Sie hatte ein »knallrotes Gummiboot« und »Pfeffer im Hintern«.

FRAGE 168:
1994 nahm er sich mit einer Schrotflinte das Leben. Er war der Held der »Grunge-Generation«.

FRAGE 169:
Schmusesongs sind sein Markenzeichen. Er besang das »Ballerina Girl« und sagte ihr »Hello«.

FRAGE 170:
»The Sound Of Silence« machte dieses Duo weltberühmt.

FRAGE 171:
Das Erkennen eines Deppen aus der Ferne verhalf dieser Band zum Erfolg.

FRAGE 172:
Sie liebte Ende der 80er Jahre schwarzen Samt.

FRAGE 173:
Er zählte die Tage von Pearly Spencer.

FRAGE 174:
Diese Band schuf mit »Autobahn« ein epochales Werk der Musikgeschichte.

FRAGE 175:
Er besang die »Midnight Lady«.

FRAGE 176:
Man nannte ihn »Satchmo«. Er sang davon, wie wundervoll doch Mutter Erde sein kann.

FRAGE 177:
Diese Jungs hatten »Alles nur geträumt«.

FRAGE 178:
Er war Sänger von Manfred Mann's Earth Band und suchte auch solo die Herausforderung.

FRAGE 179:
Diese Sängerin spielte mit Spielzeugsoldaten.

FRAGE 180:
Diese junge Dame aus einem Fürstentum ist beinahe so unwiderstehlich wie es ihre verstorbene Mutter war.

FRAGE 181:
Jeff Lyne hieß der Kopf dieser Band, die enorm viele Hits hatte.

FRAGE 182:
Neben Liz Taylor hatte auch sie eine enge Beziehung zu Michael Jackson.

FRAGE 183:
Dieser blinde Ausnahmegitarrist sang »See The Light«.

FRAGE 184:
Er wusste, wie ihr Haar roch und die silberne Spange.

FRAGE 185:
Mit welchem Song wurde Phil Collins' Sohn Simon bekannt?

Frage 186:

Er gilt als Erfinder des »Calypso Sound«.

Frage 187:

Seine extravaganten Outfits lassen ihn oftmals aussehen wie ein Paradiesvogel. Musikalisch gibt's jedoch nichts an ihm auszusetzen. Mit Songs wie »Daniel«, »Nikita« oder »Candle In The Wind« spielte er sich in unsere Herzen.

Frage 188:

Mit einem Coversong von Herbert Grönemeyer hatte dieser gut aussehende, stets freundliche junge Mann 1998 in Deutschland einen Megaerfolg.

Frage 189:

Stefan Waggershausen war mit ihr »Zu nah am Feuer«.

Frage 190:

Man nannte ihn den »Fleischklops«. Diese Bezeichnung konnte jedoch nichts daran ändern, dass er ein Weltstar wurde.

Frage 191:

In welchem Jahr gewann die schwedische Popband Abba mit »Waterloo« den Grand Prix De La Chanson?

Frage 192:

Mit »Respectable« hatte dieses Popduo großen Erfolg.

Frage 193:

Sie ist ein Star der Latino-Musik. Mit »Conga«, »Here We Are« und »Get On Your Feet« hatte sie Welterfolge.

Frage 194:

Dieser Vollblutmusiker war Mitglied der Rattles und löste später solo Kreuzworträtsel.

FRAGE 195:

Mit »Du fehlst mir« veranlasste er eine Rundfunkmoderatorin zu dem Ausspruch »Dem würde ich auch zuhören, wenn er die Bedienungsanleitung für eine Waschmaschine vorliest«.

FRAGE 196:

Er war der »Junge mit der Mundharmonika«.

FRAGE 197:

»Sieben Fässer Wein« genügten ihm nicht.

FRAGE 198:

Dieses von Frank Farian produzierte Gesangsduo wurde damit erfolgreich, dass es optisch gut aussah, jedoch nicht singen konnte.

FRAGE 199:

Diese Chorknaben haben »Alles nur geklaut«.

FRAGE 200:

Dieses schwedische Poptrio war mit »All That She Wants« erfolgreich.

Lösungen

1. Arabesque
2. Ritmo De La Noche
3. Bronski Beat, Communards
4. Stryper
5. Herbert Grönemeyer
6. Xanadu
7. Norwegen, Take On Me
8. Ziggy Marley
9. Phil Carmen
10. Members Of Mayday
11. Carbonara, Heut' Nacht, Das Blech, Herzlichen Glückwunsch
12. 1983
13. Dolce Vita
14. Stefan Zauner
15. C. C. Catch
16. Wendy James
17. Ein Vogel
18. Human League
19. Pete Townshend
20. Bunte Republik Deutschland
21. You're The Voice
22. Islands
23. Ricky Wilde
24. Sade
25. Rio Reiser
26. Paradise City
27. Peter Gabriel
28. 1964
29. Against The Wind
30. Adam Ant
31. November 1991
32. Rot
33. Guillermo Marchena
34. Barbara Streisand
35. Kylie Minogue
36. Blondie
37. Herwig Mitteregger
38. Roland Gift
39. **Philip Bailey**
40. Shari Belafonte
41. 1992
42. Clannad
43. E. A. V.
44. Andrew Ridgley
45. M. Müller-Westernhagen
46. Lastwagenfahrer
47. Genesis; Mike&The Mechanics
48. Der Letzte macht die Türe zu
49. Dean Martin
50. 4.4.1954
51. Marianne Faithful
52. The Mod
53. Steven Jones
54. Christie Brinkley
55. Der goldene Reiter
56. Träume lügen nicht
57. Lenny Kravitz
58. David Knopfler
59. Boston
60. 1970
61. Goldschmiedin

129. John Parr
130. Rolf Brendel
131. Hannes Kröger
132. United Balls
133. Rick Astley
134. Bros
135. Ric Ocasek
136. Baccara
137. Saga
138. Vanessa Paradis
139. Nino De Angelo
140. Jason Donovan
141. Uwe Ochsenknecht
142. Chicago
143. Jimmy Hendrix
144. Frank Duval
145. Anette und Inga Humpe
146. Père-Lachaise in Paris
147. Sony Bono
148. Dienstag
149. Großenkneten
150. The Boss
151. Eddie
152. Gypsy Road
153. Patrick Swayze
154. Dr. Alban
155. John Lord
156. Udo Jürgens
157. Herbie Hancock
158. Rolling Stones
159. Amanda Lear
160. Hannes Wader
161. Jule Neigel
162. Nicole

163. Nicki
164. Alexandra
165. Howard Carpendale
166. Modern Talking
167. Wencke Myhre
168. Kurt Cobain
169. Lionel Richie
170. Simon & Garfunkel
171. Haindling
172. Alannah Myles
173. Marc Almond
174. Kraftwerk
175. Chris Norman
176. Louis Armstrong
177. Merlin
178. Chris Thompson
179. Martika
180. Stephanie von Monaco
181. ELO
182. Diana Ross
183. Jeff Healey
184. Klaus Lage
185. Pride
186. Harry Belafonte
187. Elton John
188. Oli P.
189. Alice
190. Meatloaf
191. 1974
192. Mel&Kim
193. Gloria Estefan
194. Achim Reichel
195. Cappuccino
196. Bernd Clüver

197. Roland Kaiser

198. Milli Vanilli

199. Prinzen

200. Ace Of Base

NACHTRAG

GUANO APES

Sandra Nasic (★ 25.7.1976),
Dennis Poschwatta d (★ 22.7.1974),
Henning Rümenapp g (★ 22.7.1976),
Stefan Ude b (★ 1.4.1974)
Die Apes wurden 1994 in Göttingen gegründet. Ein Jahr später gewannen sie einen Nachwuchswettbewerb und erhielten einen Plattenvertrag.

Mit »Open Your Eyes« und »Lords Of The Boards« landeten sie auf Anhieb in den Top 10 der Charts. Das Album »Proud Like A God« war ebenso erfolgreich.

DAS ERFOLGREICHSTE ALBUM:
»Proud Like A God« (1/98 D-LP 5)

DIE TOP-10-HITS:
»Open Your Eyes« (2/98 D 5) Lords Of The Boards (9/98 D 10)

WEITERER HIT AUSSERHALB DER TOP 10:
»Rain« (1997)
HEAVY METAL, CROSSOVER

GUNS N' ROSES

Axl Rose v/g (★ 7.2.1962),
Izzy Stradlin g (★ 8.4.1967),
Traci Guns g,
Rob Gardner d,
Slash g (★ 23.7.1965),
Steven Adler d,
Duff Rose McKagan b (* 5.2.1965),
Dizzy Reed key, Matt Sorum d.

Die amerikanischen Rocker mit dem »Bad-Boy-Image« hatten nach anfänglichen Schwierigkeiten mit »Appetite For Destruction« einen Platz 1 in den US-LP-Charts. Die Singleauskopplung »Sweet Child O' Mine« wurde eine Nr. 1 in den USA Der Erfolg von Guns N' Roses sollte auch in den 90ern anhalten. Zum Hit-Epos »November Rain« gelang ihnen ein supergeniales Video.

DIE ERFOLGREICHSTEN ALBEN:

»Appetite For Destruction« (8/87 US-LP 1, GB-LP 5)
»G N' R Lies« (12/88 US-LP 2, GB-LP 22)
»Use Your Illusion 11« (9/91 D-LP 2 GB-LP 1, 10/91 US-LP 1)
»Use Your Illusion 1« (9/91 D-LP 4, GB-LP 2, US-LP 2)
»The Spaghetti Incident?« (12/93 US-LP 4, GB-LP 2, D-LP 5)

DIE TOP-10-HITS:

»Sweet Mine« (6/88 US 1; 6/89 GB 6)
»Welcome To The Jungle« (10/88 US 7)
»Paradise City« (1/89 US 5; 3/89 GB 6)
»Patience« (1/89 US 4; 7/89 GB 10)
»You Could Be Mine« (7/91 GB D 5)
»Don't cry« (9/91 US 10, GB 8)
»Live And Let Die« (12/91 GB 5)
»November Rain« (3/92 GB 4, D 9; 6/92 US 3)
»Knockin' On Heaven's Door« (5/92 GB 2; D 5)
»Yesterdays« (11/92 GB 8)
»Ain't It Fun« (11/93 GB 9)
»Since 1 Don't Have You« (6/94 GB 10)
»Sympathy For The Devil« (1/95 GB 9)

WEITERE HITS AUSSERHALB DER TOP 10:
»Civil War«,
»Estranged«,
»My Michelle«,
»Dead Horse«
HARD ROCK

GURU JOSH
Guru Josh key, (★ 6.6.1964; † 28.12.2015)
Mad Mick sax
Der Raver Guru Josh und sein Partner Mad Mick machten die
Diskotheken des Vereinigten Königreiches unsicher.
Zwei hochkarätige, ausgefeilte Rave-Hits kamen dabei herum.
Nach 1990 wurde es wieder relativ still um die beiden Super-Raver.

DER TOP- 10-HIT:
»Infinity« (2/90 GB 5; 4/90 D 2)

WEITERER HIT AUSSERHALB DER TOP 10:
»Whose Law Is It Anyway« (6/90 GB 26)
RAVE

QUELLENVERZEICHNIS

Frank Laufenbergs Rock- und Poplexikon,
Band 1 und 2, Ullstein-Verlag

Frank Laufenbergs Hit-Lexikon des Rock und Pop,
Band 1 und 2, Econ-Verlag

Pe Werner,
Mehr als ein Kribbeln im Bauch, Hannibal-Verlag

BRAVO, Pop Rocky, Stars und Melodien, Stadlpost
Internet

ABKÜRZUNGEN

v............. vokal
g............. Gitarre
key......... Keyboard
d............. Drums
b............. Bass
sax.......... Saxophon
rap.......... Rapper
syn Synthesizer
t .... Trompet
p .... Piano
bj .... Banjo
per .... Percussion
conga ..... Conga
acc.......... Akkordeon

tuba........ Tuba
harm ...... Harmonium
pos .... Posaune
dj .... DJ
vln.......... Violin
mix........ Mixer
c............. Cello
mand...... Marndoline
fl .... FluteQuerflöte
Computer.Computer
oboe ...... Oboe
flh .... Flügelhorn
mundh ... Mundharmonika
fa .... Fagott

DANK

Rebecca und Viktor, die den Endspurt mit einer leckeren Schale Erdbeeren versüßten.

Jörn Hormann, der mir seinen PC zur Verfügung stellte, als ich noch kein Intemet hatte.

Ich danke dem SWR für seine wertvollen Tipps.

SACHWORTVERZEICHNIS
GRUPPEN

SACHWORTVERZEICHNIS
INTERPRETEN

SACHWORTVERZEICHNIS
TITEL

B

297

U

BILDERVERZEICHNIS

INHALT